JN038614

プロの小説家が教える

クリエイターのための
語彙力図鑑

著
秀島 迅
Jin Hideshima

日本文芸社

はじめに

いきなりですが、シリアスな話から始めたいと思います。

物語を書いていて、いつの間にか下記の症状のどれかに陥り、いつまでも抜け出せない方は多いのではないでしょうか？

- ネット小説に掲載しても読者も高評価もつかない
- 新人賞に応募しても必ず一次選考で落ちてしまう
- 最初の意気込みに反して最後まで完成できない

ご安心ください。これらは誰もが必ず通る、通過儀礼ですから。問題はただひとつ、通過できるか、途中で息切れるか、です。

大切なのはこれらの壁を通過するのに、ただ努力や根気さえあれば解決できる、わけではないこと。根性論は通用しません。

物語創作はとても楽しく、「面白かった！」と評価されれば、執筆の苦労も苦悩も一瞬で吹き飛びます。とはいえ、誰かに読んで褒められるには、作品がそれなりのレベルに達しなければなりません。

では、どうすればいいのでしょう？

一般的に物語を書くには３つの〝力〟が必要だといわれます。

① 文章力

② キャラ造成力

③ 構成力

先の症状を完治させるには、この３つの〝力〟のうち、入り口となる①文章力が絶対にクリアすべき課題として立ちはだかります。

この文章力を左右するのが語彙力なのです。語彙力とは、「いかに多くの言葉を知り、使いこなせるか」という能力。まさに思いついた物語を文章化するうえで必須の素養となります。よくいわれる、リーダビリティは語彙力スコアがいかに高いかで決まります。

となれば、その先はもうおわかりですね？　語彙力を大幅アップ、増強するために、ぜひ本書を隅々まで活用するしかありません。

秀島 迅

① 文章表現は語彙力が9割

〝ヒトゴコロ〟を描き切る

　活き活きとしたキャラクターを描くには、読者が感情移入できる〝ヒトゴコロ〟すなわち人心を登場人物に持たせなければなりません。物語で活躍するあらゆるキャラクターは、現実世界と同じように、その世界観のなかで息づき、生きているからです。

　主役はもちろん、脇役や悪役たちも、喜怒哀楽という感情を相手や事象に抱き、泣いたり笑ったりして初めて、書き手から生を授かるといっていいでしょう。

　魅力的で面白い作品――小説でも漫画でも映画でもアニメでも――は、キャラクターの気持ちがつねに激しく動きながら、感情が行動を引っ張っていきます。

　そして行動原理は感情を起点として沸き起こるため、「なぜそうするのか?」という理由を明らかにする必要があります。ここに説得力があれば、読者の感情移入につながるわけです。

　となれば書き手に求められるのは、感情という〝ヒトゴコロ〟を描き切る文章力です。言い換えるなら、人物描写のテクニックです。

　これが難しい。人物描写がうまくなるには、2つの要素が求められます。

　観察眼と、語彙力です。

　優れた書き手は、日常でつねに他人を観察し、その行動を起こすに至る感情の変化を読み解く訓練をしているといわれます。

　〝ヒトゴコロ〟の機微をきちんと把握することは、それくらい物語創作において重要な役割を担うのです。

仮に、感情の変化を読み解く観察眼が鍛えられたとしても、読み手へ伝えるための描写テクニックが拙ければ意味を成しません。しかも感情の動きは、目に見えるものでもなければ、色分けで表せるわけでもなく、あくまで感覚的なニュアンスでしか具象化できません。

　そこで語彙力が大きく問われます。言葉＝語彙といわれるほど、その力は多大です。**語彙の集大成がコミュニケーションの根幹を形成し、あらゆる表現を司るから**です。

　たとえば、「怒り」という感情のなかには、激昂するのか、地団駄を踏むのか、イラッとするのか、怒鳴り散らすのか、じつにさまざまなレベルの「怒り」が存在します。語彙力さえあれば、その「怒りレベル」を正しく伝えられます。

　こうした差異をシーンに応じて的確に描き切ってこそ、作品に魂を吹き込め、〝ヒトゴコロ〟を持った活き活きとしたキャラクターを物語で息づかせていくことができます。

　さらには、キャラクターの感情を読み手の気持ちとシンクロさせて強い共感を呼び起こし、一心同体とすることが可能になるのです。登場人物を生かすも殺すも、書き手の語彙力にかかっています。

〝人間臭い〟描写技法

　魅力的なキャラクターを造成するには、〝人間臭い〟ことが大切。おわかりかと思いますが、別に体臭がひどいとか口が臭い人物を描くことではありません。

　ある種の感情的な特徴や傾向を備えた、不完全でリアリティある人物という意味です。

　その基本的な捉え方は、**人間の四大感情である「喜怒哀楽」に特化すれば間違いないでしょう**。具体的には、喜＝「明るい人」、怒＝「激しい人」、哀＝「暗い人」、楽＝「のん気な人」、とテンプレート的に大別されるので、そこから特性を突き詰め、定型化を脱していけば、オリジナルの独自キャラを作れます。さらにその先の綿密な作り込み作業が実を結べば〝個性〟豊かな登場人物として、読者に愛され支持されて、作品のクオリティとグレードがアップします。いわば物語創作の1stステップといっても過言ではありません。

　さて、ここからが本題です。ただ、明るい人、と書いても読者に伝わりません。実際、あなたは「明るい人」というワンフレーズからどんな人をイメージするでしょう？　千差万別で、その人物像は無限に広がります。陽気な性格なのはわかるとして、よく考えてみてください。24時間365日いつも無意味に「明るい人」が愛されキャラとして読者に支持されるでしょうか？　あるいはリアリティある〝人間臭い〟人物だと思いますか？

　答えはNOです。

　PART.1で何度も触れますが、たとえば「悲しみ」「楽しみ」「苦しみ」

という感情も、どういう種類の特性を持ち、心身にどんな変化をきたすメンタル状態かを丁寧に描写しなければ読者には伝わりません。「明るい人」も同様です。基本は喜びや希望に溢れたキャラとして描きつつも、なぜそんな性格なのか、前向きな原動力は何なのか、実際は心根が弱ったりしないのか、弱点は何なのか、と、まず書き手自身が徹底的にキャラを追求する必要があります。

そして、それら**感情的な特徴や傾向を文章化する際に求められるのが語彙力です**。「明るい人」の心情の移り変わり、暗い影を落とす瞬間、前向きな性格ゆえの葛藤など、シーンごとの微細な揺れや動きを描いてこそ、不完全たるリアリティが生まれます。

あるいはどんな「明るい人」でも、コンプレックス、トラウマ、家庭環境の問題点や人の好き嫌いがあるはずです。はたまた嗜好やライフスタイル、主義についてはどうでしょうか。このような多角的な深掘りをする際にも語彙力が問われます。

登場人物の過去を語らずして、キャラ造成の説得力は生まれません。

人物像の物語性の裏側の暗部に触れて初めて、表部分が際立つもの。これが〝人間臭い〟魅力的なキャラクターの造成につながります。

外見・動作・声質の特徴出し

　小説執筆の醍醐味は、物語に登場するあらゆる対象や事象を、文章によってビジュアル化できる点に尽きます。しかも書き手の自由な発想で自在に描けるわけですから、楽しくないはずありません。

　ではここで、文章によるビジュアル化の重要点についてご説明します。たとえば、大都市に巨大なモンスターが襲ってきてパニックになる場面があるとします。モンスターのサイズ感や姿形の特徴、体表の色、顔つき、鳴き声、歩き方、尻尾のあるなし、必殺の武器などなど、すべて好き勝手に決められるとしましょう。あなたが書き手なら、まずどこからどう攻めますか？

　と、ここで大切なポイントが２つあります。ひとつは、**モンスターの姿を徹底的にイメージすること**です。

　イメージを頭のなかで具体的にまとめることなく、とりあえず思いつきだけで文章を書き連ねても絶対にうまくいきません。その際、大都市がどのように破壊されるかもイメージしましょう。そこからおのずと、モンスターが４本足なのか２本足なのか、はたまたどんな動作をするのかが読み解けていきます。さらには火を噴くのかなど、どのような必殺技を持っているかもわかってきます。

　今度はそこへ地球を守る防衛軍がやってくるとしましょう。モンスターは多数の戦闘機や戦車を相手にしてどんな戦いぶりを見せるでしょう？　これもまたイメージを膨らませてください。

　じつはこのモンスターのイメージ法は、登場するキャラクターを文章でビジュアル化するときとまったく共通するメソッドなのです。

キャラクターの個性を読者に伝えるには、書き手がイメージする人物像の、もっとも強調したい部分を重点的に描く必要があります。それらはモンスターでいうところの、サイズ感や姿形の特徴、必殺の武器などと書き方は同じです。しかも登場する最初のシーンで細部まで描かなければ、読者には受け入れてもらえなくなります。

　さて話は飛びましたが、ここでもうひとつのポイントに戻ります。それはあらん限りの語彙力を駆使した、外見・動作・声質という３点の特徴出しにあります。キャラクターを描く際は３点のどれが欠けてもいけません。なぜなら初対面の人に会ったとき、この３点特徴を人は無意識に認識し、印象としてインプットするからです。

　小説でも読者の大半は３点特徴の描写でキャラクターを判断します。さらに言及するなら、主役級キャラは読者が感情移入しやすい「愛されキャラ」として３点特徴を魅力的に設定しましょう。

　主役級キャラが出だしで嫌われてしまえば、その作品がどんな素晴らしい物語性を秘めていても、駄作で終わります。少なくとも読者の母数は大幅に減ります。悲しいかな絶対普遍の事実です。

　キャラクターの印象づけをないがしろにすると、構想やプロットから始まるあらゆる苦労が水の泡となるので、ご注意ください。

名作とは語彙力の賜物

　当たり前ですが、物語を構成する最小単位は文字です。日本語の場合、五十音がベースとなり、漢字やカタカナが組み合わさって文章が作られ、それらが連なり起承転結が生まれます。

　モノ書きでありながら、つねづね不思議だと感じ入るのは、普段使っている何でもない単語や言葉の組み合わせが、じつに感動的なフレーズを作ったり、忘れ得ないエンディングシーンを描いたりすることです。読書していて、思いがけずこういう印象的な文章に出会ったとき、文学の素晴らしさをあらためて感じてしまいます。

　言い換えるなら、名作とは語彙力の賜物でもあります。日常で普通に話し、文字にしている語彙の意味を、意識的に理解して、その多種多様な使い方をインプットしていくだけで、語彙力は大いに育まれるものです。あるいは好きな作家の作品を読んでいて、気に入った表現があればメモするのもお勧めです。

　そうやって一つひとつの言葉を自分の血肉とし、味方にしていけば、確実に語彙力が身についていくでしょう。

　そのような観点から本書では、あえて日常での使用頻度が高い、一般的な語彙ばかりにフォーカスしています。すぐ身近にある言葉だからこそ見逃しがちな意味や、物語創作における暗黙のルール、タブーが数多く潜んでいるものです。

　また、**シンプルな語彙にこそ、巧みな技や表現の極意があるもの。**それらを知っているかいないかでは、まったく文章のクオリティが異なってきます。

後半の PART.4 では、《ディテールを表現する感触の語彙》として、「硬い」「柔らかい」といった、さまざまな状態を表す言葉のニュアンスや、状態描写にとどまらない用途を深掘りしています。

　PART.5 では、《情景を押し広げる表現方法》として、外の世界との関わりを通じた物語の構築ノウハウについて触れています。

　PART.6 では、《世界観に色を加える表現方法》として、多彩な色のオリジナリティと、日本語独自の感覚的意味合いを解説しています。

　前半部分を含め本書では、文章化しにくい語彙単体の表現ノウハウに踏み込み、テーマ別にポイントを集約してあります。

　これらの多面的な意味と用途をマスターして使いこなせれば、おのずと文章力が大幅に向上し、ひいては深みある印象的な作品の創作につながるに違いありません。

本書の見方

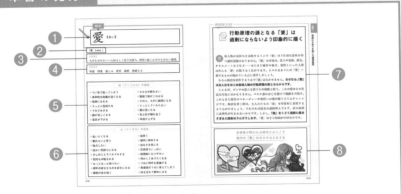

❶ 紹介するテーマと読み仮名を記しています。
❷ 取り上げるテーマの英語表記です。
❸ 意味や内容を解説しています。
❹ 紹介する語の類語を記しています。
❺ 行動や仕草を描く語彙を「体の反応」として紹介しています。
❻ 心の動きを表現する語彙を「心の反応」として紹介しています。
※❺と❻の区分けは PART.1 のみで、それ以降にはありません。
❼ 著者による、物語に語彙を取り入れるときのコツの解説です。
❽ 紹介した語彙に関連することを、イラストを使ってわかりやすく解説しています。

目次

PART. 1　**【感情】**
物語にうねりを起こす感情表現

PART. 1

物語にうねりを起こす
感情表現

楽しみ　期待　待ち　無力感　気がかり　いら立ち　愛　疑う　自己　緊張　嫌悪　懐かしむ　怯え　うぬぼれ　感動　葛藤　藤

本章の POINT

PART.1

　小説やシナリオなどの創作活動において、登場人物の感情描写というのは必要不可欠な要素です。感情描写の出来栄えによって、読者の物語への没入感は大きく変わるといっていいでしょう。たとえば、「主人公は泣いた」と表現するよりも、「主人公は無言ではなをすすり上げた」と表現したほうが、情景がイメージしやすく読者の心を揺さぶることができます。

　とはいえ、感情を表に出さないことが美徳とされる日本人にとって、感情を言葉にしていく作業はそう簡単なものではありません。日本語には感情に関する語彙がたくさんあるにもかかわらず、誰もが日常的に感情表現が

感情

乏しいので、言葉にする機会が極端に少ないからです。ただ、暗記や記憶といった頭にインプットする作業は、勤勉な日本人が得意とするところ。

　そこでPART.1では、愛、喜び、怒り、悲しみといった26の感情についてのさまざまな語彙を紹介。また、それらの感情を用いた創作活動をするうえでの大事なポイントも併せて解説します。感情表現が苦手な人、そもそも感情表現を知らない人は、ぜひとも頭に入れておいてください。

愛【あい】

[英：Love]

【意味】

人やものをたいへん好ましく思う気持ち。特別に抱くかけがえのない感情。

【類語】

好意　情愛　慈しみ　愛着　親愛　熱愛など

体（フィジカル）の反応

- つい目で追ってしまう
- 身体的な距離が近くなる
- 笑顔になれる
- うっとり見惚れる
- でれでれする
- 胸が苦しくなる
- 目尻が下がる
- なかなか眠れない
- 緊張で顔がこわばる
- その人、ものに敏感になる
- じっとしていられない
- 駆け足になる
- 肌と肌が触れ合う
- 体温が上がる

心（メンタル）の反応

- 会いたくなる
- 触れたいと思う
- 独占したい
- 温かい気持ちになる
- 少しのことでドキドキする
- 気持ちが癒される
- もっともっと知りたい
- 相手の好きなものを好きになる
- 尊敬の念を抱く
- 恋煩う
- 相手に依存する
- 切なさを感じる
- 充実感でいっぱい
- 感情的になりやすい
- 何かしてあげたくなる
- つねに相手を意識する
- 無意識のうちに考えてしまう
- 時を忘れて夢中になる

行動原理の源となる「愛」は過剰にならないよう印象的に描く

登場人物の気持ちを表現するうえで「愛」ほど広域な意味を持つ感情語彙はありません。「愛」の対象は、恋人や家族、親友、クラスメートなどなど——はたまた愛車や愛犬、愛校といった人間以外にも「愛」は限りなく広がります。人々のまわりには「愛」＝愛でるものが溢れている点に着目しましょう。

むろん物語を創作するうえで「愛」は欠かせません。**なぜなら、「愛」は主人公をはじめ登場人物の行動原理の源となるからです。**

たとえば、ピンチの恋人を救うため強敵と戦う。これは愛ゆえの勇猛な行為にほかなりません。バスケ部の存亡を懸けて優勝を目指す。これもまた部員やマネージャーや部活への愛が駆り立てるチャレンジです。物語を書く際は、主人公たちの「愛」を印象的に表現するよう心がけましょう。でなければ読者は感情移入できず、話の展開に必然性が生まれないからです。しかし、**「愛」をくどく過剰に描きすぎると読者はうんざりします。**「愛」はさじ加減が大切なのです。

多様性が問われる時代だからこそ
現代の「愛」のカタチはさまざま

喜び【よろこび】

[英：Pleasure]

【意味】
うれしさや満足感で溢れる状態。

【類語】
幸せ　歓喜　欣快　愉悦　愉快　悦楽　幸福　満足など

体（フィジカル）の反応

- 頬が緩む
- うれしくて体がつい動く
- 騒ぎ立てる
- 胸のあたりがぽかぽかする
- 声が弾む
- 顔色がよくなる
- 鼓動がはやまる
- 身軽に体が動く
- ガッツポーズをとる
- 飛び跳ねる
- 活き活きしている
- 軽やかにスキップする
- 眉尻が上がる
- 感極まって涙を流す
- 鼻歌を口ずさむ
- はにかむ

心（メンタル）の反応

- 幸せを感じる
- 晴れやかな気持ちになる
- 満足感がある
- 前向きになれる
- 浮足立つ
- 気持ちが華やぐ
- ふわふわして落ち着かない
- テンションが上がる
- 得意げになる
- 誇らしさを感じる
- 心地よい気分
- 有頂天になる
- 人と共有したい
- 大らかな気持ちになる
- 感謝の気持ちが芽生える
- 目の前の景色が明るく思える

負の境遇を一点突破させてこそ 「喜び」が活きた物語になる

基 本となる人間の四大感情とは「喜怒哀楽」です。ここから4見開きで、それぞれのポイントについてご説明します。

「喜び」は、勝利や獲得を達成したときの象徴的な心の表れです。物語ではラストシーンで主人公とともに読者が「喜び」を共有して分かち合う必要があります。**これがカタルシスにつながります。**

そのためには何が必要か？

答えは〝溜め〟です。それに尽きます。

起承転結の起から主人公が絶えず喜んでいたらどう感じますか？「軽い奴だな」「そんなことがうれしいか？」と、共感より違和感や反発心を覚えるでしょう。安易に「喜び」を連発しても、読者は「喜び」ません。書き手はつねに読者の心の裏側を推し量る必要があります。

その最たる点は、主人公の辛苦や絶望や挫折を好むということ。それら負の境遇を連続させて〝溜め〟に〝溜め〟、一点突破した暁に主人公が得る大きな「喜び」に、読者もまた「喜び」ます。

最初から最後まで「喜び」の物語では面白くない

怒り 【いかり】

［英：Anger］

【意味】

腹を立てること。

【類語】

憤り　憤怒　不満　立腹　激昂　癇癪　怒気　一喝　憤慨　業腹など

体（フィジカル）の反応

- 地団駄を踏む
- 眉間にしわが寄る
- 目つきが鋭くなる
- 唇を噛む
- 語気が鋭くなる
- 貧乏ゆすりをする
- 頭に血が上る
- 息が詰まる
- まわりが見えなくなる
- 声を荒げる
- 青筋を立てる
- 顔が真っ赤になる
- 気色ばむ
- とげとげしい態度
- しかめ面
- 体温が急上昇する

心（メンタル）の反応

- イライラする
- 嫌な気持ちになる
- 焦燥感を抱く
- ふてくされる
- 不満を感じる
- 不機嫌になる
- 反抗的になる
- 気が散る
- モヤモヤする
- 憂鬱になる
- ささくれた気持ち
- 不快に感じる
- 興奮して冷静さを失う
- 恨めしい
- 何だか気に入らない
- 歯がゆい

物語の転換点では主人公の「怒り」を爆発させるのが秘訣

負のイメージが強い「怒り」ですが、**物語創作においてはおいしいエネルギー源になる**と捉えて活用しましょう。

たとえば、ほぼ瀕死で絶望的なのに、なぜか立ち上がれてふたたび強敵と戦う。もう解決策などないのに、それでも諦めずに奮闘する。こういったシーンは小説でも映画でも頻繁に登場します。

逆境に陥った主人公を動かすのは「怒り」に負う部分が大きく、明らかに現実世界では「もうダメだ」的状態でも、物語なら「よし、頑張れ！　ここからだぞ！」と展開が変わるプロットポイントになります。**読者を味方につけ、圧倒的ピンチをブレイクスルーするには、「怒り」に任せましょう。**それまでのストーリー展開で堆積した「怒り」があるからこそ、満身創痍でも立ち上がれ、現場放棄するはずが再トライできてしまうのです。物語の転換点では主人公の「怒り」をここぞと爆発させるのが秘訣。「怒り」が復活のエネルギー源となり、読者はあり得ない未知のパワーに拍手喝采します。

「怒り」の背景に複雑な感情が交錯しなければ
行動理由に欠けて共感されにくい

絶望　空虚　悲哀　孤独

悲しみ 【かなしみ】

［英：Sadness］

【意味】

よくないことが起こり、またはそれを見聞きして、沈んだ気持ちになること。

【類語】

哀情　悲嘆　傷心　哀切　哀愁　憂愁など

体（フィジカル）の反応

- 表情が暗くなる
- 眉をひそめる
- 涙が零れる
- ため息が出る
- 頭を抱える
- 体が重くなる
- 一歩も動けない
- 嗚咽を漏らす
- 頭が痛い
- うなだれる
- 心臓が痛い
- 喉が詰まる
- しゃくり上げる
- 集中できない
- うろたえる
- 声が出ない

心（メンタル）の反応

- 気持ちが沈む
- メンタルがへこむ
- 切ない気持ち
- 気分がどんよりする
- 塞ぎこむ
- 途方に暮れる
- 悶々とする
- ネガティブになる
- 辛くてしんどい
- 疲れを感じる
- ショックを受ける
- 落ちこむ
- 気が滅入る
- 物思いに耽る
- 胸が締めつけられる
- ちっとも楽しくない

感情表現は直接的に書かず
心身の変化を具体的に描き切る

主人公が「悲しみ」に暮れるシーンは、**物語を劇的に盛り上げる素晴らしい良薬だ**とお考えください。

言い換えるなら、主人公を天下無双で完全無欠に設定してはいけません。典型的ヒーローのウルトラマンは諸般の事情から3分間しか地球上で活動できません。鉄腕アトムは無敵を謳いながら、磁力とバッテリー切れに勝てません。どうせならそんな弱点を撤廃し、さっさと敵をやっつければいいのに、と思う方もいるでしょう。

それは間違いです。ピンチに陥りながら敵を倒してこそ、勝利への爽快感と満足感が倍増します。弱点なしのヒーローは存在しません。「悲しみ」も同様。苦難や災禍によって主人公が「悲しみ」に打ちひしがれてこそ、ラストのハッピーエンドを感動的に演出できます。

しかし、ただ「悲しみ」を描けばいいわけではありません。たとえば、『洋二郎はひどく悲しんだ。』という一文を書くとします。そのままだと多くの読者は「へえ。そうですか」でスルーしてしまいます。では、左ページの表現を用い、次のように書き換えてみます。

> 気がつけば洋二郎は涙を零していた。しゃくり上げるだけで声すら出ない。途方に暮れ、もはや一歩もその場から動けそうになかった。

「悲しみ」という語彙を使わずとも「悲しみ」が伝わってきます。喜怒哀楽すべてに該当しますが「悲しい」（形容詞）「悲しみ」（名詞）と、そのままを直接的に書いても読者の気持ちを揺さぶりません。

一方、心身にどのような変化をきたすかを具体的に描き切れば臨場感を高め、心の機微をリアルに伝える良薬として効果てきめん。物語を劇的に盛り上げ、創作を成功へと導くでしょう。

楽しみ 【たのしみ】

[英：Enjoyment]

【意味】

うれしかったり、面白かったりして胸が弾むこと。愉快で満ち足りた気持ち。

【類語】

至楽　愉楽　謳歌　満喫　一興など

体（フィジカル）の反応

- 興奮して息が上がる
- 目に輝きが出てくる
- 表情筋が緩む
- はしゃぐ
- 姿勢が前のめりになる
- 没頭する
- 口数が多くなる
- 肩の力が抜ける
- 嫌なことを忘れる
- 足取りが軽い
- 声にハリが出る
- アクティブになる
- 顔に血色が増す
- 思わず声が出る
- 満たされて笑顔になる
- 胸がスッとする

心（メンタル）の反応

- 胸が躍るようなワクワク感がある
- 寛容になる
- 爽やかな気持ち
- 充実感で満たされる
- 和やかな気分
- 晴れ晴れした心地
- ストレスが解消される
- 面白い
- 多幸感でいっぱい
- 解放感がある
- この時間が続いてほしいと思う
- 元気が出る
- 気分が高揚する
- 何でもできる気がする
- 何かしてあげたくなる
- 期待感が高まる

「楽しみ」は人の印象を変える
キャラ造成の小道具として

愉 快で満ち足りた気持ちになる「楽しみ」は、人が抱く感情の なかで誰もが欲する状態といえるでしょう。

実際、私たちは「楽しみ」を求め、日々暮らしています。

ところが物語においては、**主人公に「楽しみ」を与えすぎてはい けません**。楽しい状態には波乱や苦難が訪れないため、読者が退屈 してしまいます。さらに主人公に与える「楽しみ」には意識すべき 重要なポイントがあります。それは**人間性や過去や家庭環境、現在 の暮らしぶりを如実に反映させる「楽しみ」に設定する**こと。

たとえば、酒やギャンブルが「楽しみ」で仕方ない主人公にどん な印象を持ちますか？ 子どもの成長が何より「楽しみ」な主人公 の場合はどうでしょう？

もうおわかりですね。「楽しみ」はその人の印象をがらりと変えて しまうキャラ造成の小道具となり得るのです。主人公を含む登場人 物の「楽しみ」の設定は、役どころを意識して与えてください。

人それぞれの「楽しみ方」には
人間性が色濃く出るように

満たされて笑顔になる

解放感がある

晴れ晴れした心地

憐れみ 【あわれみ】

[英：Pity]

【意味】

可哀そうに思い、深く同情すること。

【類語】

哀憐　不憫　慈悲　惻隠　悲哀　哀切　憐情など

体（フィジカル）の反応

- 表情が暗くなる
- 涙が流れる
- 相手に寄り添う
- どういうべきか迷いながら、相手を慰める
- うなずいて共感する
- 目線を落とす
- 唇を固く結ぶ
- 腰を落とす
- 優しく接する
- ものや手をいじる
- 胸が締めつけられる
- 嘆息を漏らす
- 険しい顔つきになる
- 相手と肩を並べる
- 体をぽんぽんと叩く

心（メンタル）の反応

- 悲しくなる
- 辛くなる
- 相手を労わりたいと思う
- 心を痛める
- 慈しむ
- 心配になる
- 嘆かわしい
- 思いやりたい
- 相手をおもんぱかる
- 同情心にほだされる
- 意識して気を配る
- しんみりする
- かわいそうに思う
- 相手に理解を示す
- どう声をかければいいかわからず気まずい感じがする

CREATOR'S FILE

「憐れみ」は優位な立場から見てかわいそうだという前提

　人心を司る独特の感情のひとつ「憐れみ」。優しい気持ちの一部のように捉えられ、実際に間違いではないものの、じつはなかなか扱いにくい感情語彙です。

　その理由は簡単。「憐れみ」は劣位の人に抱く感情だからです。つまり**「憐れみ」を施す人は優位な立場の自分から見てかわいそうだという前提**があり、読者には〝嫌な奴〟に映りかねません。

　一方、「同情」であれば優劣に関係なく、あらゆる人を対象に思いやる気持ちと優しさが含まれます。表現用途として**無難かつベターなのは、「憐れみ」より「同情」だと覚えておきましょう。**

　実際、「憐れみ」はよい意味で使われません。《同類相憐れむ》とは、弱い者同士で傷を慰め合う、という意味ですし、江戸五代将軍徳川綱吉が発令した《生類憐れみの令》は犬猫などの生き物を対象に「憐れみ」の施しを命じています。不用意に誰もを「憐れむ」主人公は、お高い身分で共感されにくいキャラになるのでご留意を。

「憐れみ」よりも「同情」を意識すべき

苦しみ 【くるしみ】

[英：Suffering]

【意味】

辛くてもがいている状態。

【類語】

苦労　苦悩　不運　辛苦　難儀　腐心　悶々　苦渋　苦役　苦慮など

体（フィジカル）の反応

- 息が詰まる
- 呻く
- その場から逃げ出す
- 顔がゆがむ
- 下唇を噛む
- じたばたする
- 身を縮こませる
- 身をよじる
- 顔が曇る
- 食欲がなくなる
- 立ち止まる
- やつれる
- 眉根を寄せる
- 弱音を吐く
- 逃れようとあがく
- 額にしわが寄る

心（メンタル）の反応

- 悩みが絶えない
- 気分が重い
- 切迫する感じ
- 戸惑う
- やりきれない気持ち
- 陰鬱な気分
- 打ちのめされる
- 我慢する
- 現状から抜け出したい
- 気を病む
- 切羽詰まる
- 思いあぐねる
- くよくよする
- 絶望感が襲う
- うんざりする
- なりふり構っていられない

場面に応じ的確に表現できれば 体と心の在り方を伝え切れる

生きている限り、避けて通れない「苦しみ」。どんなに裕福になろうと、強運の持ち主であろうと、必ず「苦しみ」に見舞われます。左ページに列挙された体と心の反応を一読し、うんざりした方も多いでしょう。物語創作においても、主人公をはじめとする登場人物に「苦しみ」はつきものです。特に主人公はエンディングまで「苦しみ」と闘い、もがきながら目標に邁進する宿命にあります。

とはいえ、「苦しみ」を描く際、**どういう「苦しみ」なのか、書き手は十分に理解したうえで表現**しなければなりません。

なぜなら「苦しみ」の意味は非常に幅広く、多岐にわたるからです。『食べ過ぎてお腹が苦しい』は、ともするとユーモラスな「苦しみ」です。『彼を思うと胸が苦しい』は、淡い恋の「苦しみ」です。『生みの苦しみ』は、クリエイティブで前向きな「苦しみ」です。

逆をいうなら「苦しみ」の質を場面に応じ的確に表現できれば、臨場感に満ちた登場人物の体と心の在り方を伝え切れます。

自らを苦しめる修行で成長を目指す 『苦行』も前向きな「苦しみ」のひとつ

憎しみ【にくしみ】

［英：Hate ］

【意味】

あるものを激しく嫌い、反抗心を抱くこと。愛と対立した感情。

【類語】

怨恨　いまいましい　憎悪　怨念　忌避　敵意　反目　倦厭　敵愾心 など

体（フィジカル）の反応

- 虫唾が走る
- 体が重く感じる
- 眉をひそめる
- 棘のある言葉を浴びせる
- 悪寒がする
- 体が熱くなる
- 睨みを利かせる
- 口角が下がる
- 体に力が入る
- 手を固く握りしめる
- すごみのある様子を見せる
- 腕を組んでだるそうにする
- むくれる
- 激しい感情から目が血走る
- 表情が硬い
- ムスッとして押し黙る

心（メンタル）の反応

- 負の感情でいっぱい
- 相手の不幸を願う
- もやもやが募る
- 不機嫌
- いまいましい
- じめじめした気分
- 不愉快
- 恨めしい
- 怒りが湧き上がる
- 殺気立つ
- 気持ちが波立つ
- 胸くそ悪い
- 復讐心を抱く
- 何をいわれても納得できない
- 心に重しが乗った感じ
- ネガティブ思考に陥る

行動原理の一因として受け入れられキャラ造成の一端も担うように

描写が難しい「憎しみ」。なぜなら「憎しみ」を抱く人は心に曇りや濁りのあるネガティブな人物として、嫌われる傾向にあるからです。物語でも然り。**「憎しみ」をメラメラ燃やす人物を登場させると、読者が敬遠するタイプになりがちです。**

とはいえ話の展開上、主人公が誰かを憎む場合もあるでしょう。その際のポイントは、憎まれる相手側の設定にあります。「憎しみ」の対象を巨大な権力や富を有する途方もない強者として設定すれば、主人公の「憎しみ」は共感を得やすいものとなります。ファンタジーなら、極悪非道で無双の悪魔みたいな、徹底したヒールとして描けば、読者は主人公の「憎しみ」を応援してくれます。

つまり**「憎しみ」が行動原理の一因として受け入れられ、かつキャラ造成の一端も担う**わけです。そうなればしめたもの。一方で、「憎しみ」の対象が普通に弱い相手だと、冒頭の通りネガティブな嫌われ者に成り下がります。「憎しみ」は対象の描写に注意しましょう。

「憎しみ」の対象は読者も憎む設定にする

いら立ち 【いらだち】

[英：Annoyance]

【意味】

思い通りにいかず、気をもむこと。

【類語】

焦り　鬱憤　焦燥　短気　むしゃくしゃ　不服　鬱積など

体（フィジカル）の反応

- 冷たい態度をとる
- 体に力がこもる
- 鼓動が速くなる
- こめかみが痛い
- いら立ちのあまりわななく
- 耳鳴りがしてくる
- 眉間にしわが寄る
- じっとしていられない
- 胸のあたりに苦しさを感じる
- 手元が狂う
- 表情が険しくなる
- 舌打ちする
- 鼻息が荒くなる
- 鋭い目つき
- 歯ぎしりをする
- 頭に血が上る

心（メンタル）の反応

- ふてくされる
- 思い通りに物事を動かしたい
- 虫の居所が悪い
- 冷静さに欠ける
- 反発心を抱く
- 焦りを感じる
- 不満が募る
- もの足りなさを感じる
- すべてを投げ出したいような気分
- 気持ちが逸る
- 威圧感が増す
- 興が冷める
- 余裕がなくなる
- 心が荒む
- いじけて拗ねる
- 前向きに考えられない

決定的なエモーションに 到達するまでの小道具として

「喜」び」や「怒り」に比べると、「いら立ち」は微細な感情の動きです。劇的に人を豹変させるような喜怒哀楽とは明らかに一線を画します。左ページを見ても、「歯ぎしりをする」「冷静さに欠ける」「いじけて拗ねる」と、心身の反応も何だか地味です。

それゆえに見逃しがちな感情語彙ではありますが、プロの書き手は「いら立ち」の使い方に長けているもの。

その**用途はズバリ、感情変化の〝予兆〟や〝つなぎ〟**です。怒る前の段階的な感情の昂りにおいて、まず「いら立ち」を導入として描けば、激怒までの流れが自然になります。繰り返し些細な「いら立ち」を募らせて、最終的には諦めるというのも、人心のたどるメンタルパターンとして納得できます。

つまり**決定的なエモーションに到達するまでの小道具として使えば、登場人物に人間らしい臨場感をもたらすことが可能となる**のです。ひと手間加えた「いら立ち」表現を意識してみてください。

自分の日常の「いら立ち」場面を研究しよう

驚き 【おどろき】

[英：Surprise]

【意味】

予想外のことが起こったときに、衝撃を受けること。

【類語】

驚愕　びっくり　感嘆　愕然　仰天　瞠目　動転　震撼　震天動地
青天の霹靂など

体（フィジカル）の反応

- 腰が抜ける
- 目が点になる
- 全身が固まる
- 息をのむ
- きょとんとした表情
- 素っ頓狂な声が出る
- 言葉を失う
- 口があんぐり開く
- 動きが固まる
- 首をすくめる
- 鳥肌が立つ
- 頭が回らない
- ビクッと肩が跳ねる
- 飛び上がる
- その場に立ちすくむ
- 涙が溢れ出る

心（メンタル）の反応

- パニック状態
- 慌ててあたふたする
- 面食らう
- 寿命が縮んだような気分
- 衝撃におののく
- どぎまぎする
- あまりのことに毒気を抜かれる
- 動揺を隠し切れない
- 信じられない
- 興奮する
- テンションが一気に上がる、
  もしくは下がる
- 虚を突かれる
- 平常心を失う
- 頭が真っ白になる
- 体のなかがヒヤリとする感覚

直後の具体的な心情であり物理的状況を文章で説明する

　語を動かす機動力——それが「驚き」です。空から人が落ちてきた。悪霊が現れた。氷山に船がぶつかった。死人が生き返った。それらの状況で登場人物はまず「驚き」ます。

「驚き」はストーリーを急展開させるプロットポイントの象徴であり、**読者に転換点の場面を印象づける必要があります。**よって「驚き」の様子をあっさり書き終えてはいけません。

たとえば、

『**突然、トムが撃たれ、ジミーは驚いた。**』

これだけではどう驚いたか伝わりませんし、イメージできません。

『**突然、トムが撃たれ、ジミーはパニック状態で全身が固まった。**』

このように改稿すると、驚き具合が頭に思い浮かびます。

「驚き」には千差万別のリアクションがあるうえ、程度や種類はじつにさまざまです。帰宅したら自宅が火事だった、という「驚き」と、起きたらもう昼だった、という「驚き」は明らかに異なりますね。

さらに書き手は、驚いた本人がどうなったか？　という直後の具体的な心情であり、物理的状況を文章で説明する必要があります。

たとえば、

『**首のない死体を発見して、私はとても驚いた。**』

これだけでは表現が足りません、一歩踏み込んで書くなら、

『**首のない死体を発見して、私はその場で跪き、胃のなかのものをすべて嘔吐した。それでも吐き気は収まらないうえ、涙が溢れ出る。**』

「驚き」のなかに衝撃と悲哀がごちゃ混ぜになった、カオスに近い心情が読み取れます。物語が動こうとする気配も濃厚です。「驚き」を描写する際は、一歩も二歩も踏み込んでみましょう。

怯え 【おびえ】

[英：Scare]

【意味】
恐れてびくびくすること。

【類語】
臆病　小心　恐縮　恐怖　戦慄　畏怖　心配　物怖じ　畏縮　怖気など

体（フィジカル）の反応

- 震える
- 血の気が引く
- 表情が消える
- 膝ががくがくする
- 腰が引ける
- 立ちすくむ
- 冷や汗をかく
- 目が泳ぐ
- 思わず後ずさる
- 深呼吸して気持ちを切り替える
- 体が冷たくなる
- 怖くて人に縋りつく
- 頭が痛くなる
- 動けなくなる
- 落ち着こうと目を閉じる
- 息づかいが荒くなる

心（メンタル）の反応

- 弱気になる
- おどおどする
- 不安でいっぱい
- 早く現状から抜け出したい
- 気が気でない
- 早く嫌なことが過ぎ去ってほしい
- 誰かと一緒にいたい
- ぐずぐず尻込みする
- こうなった原因を考えて後悔する
- 気が小さくなる
- 周囲が気になる
- 気味が悪いと感じる
- これからどうすればいいか、
  迷いが生じる
- 思考が混乱する
- 自分に自信がなくなる

キャラ造成において人物像の 物語性を如実に印象づけられる

内 面の揺れを表す感情語彙が「怯え」です。相手に対して抱く 気持ちというより、自分自身のなかに芽生えて葛藤する脆弱 な感情の「怯え」は、登場人物の心の動きを表現する際に便利です。

キャラ造成するときも、**何に「怯え」を抱いているかを描けば、 その人物像の物語性を如実に印象づけることが可能**となります。

もし、海に対して「怯え」る男なら、過去に溺れたとか水難事故 に遭ったなどのトラウマを想起させます。暴言を吐く男にひどく「怯 え」てしまう女なら、元彼か父親の影響を受けているのかもしれな いと想像できます。将来に対して漠然とした「怯え」を抱える子ど もなら、心根の弱さや未熟さを彷彿させます。

さらに物語創作においては**「怯え」からの脱却で、その人物の成 長を表せます**。弱い心に打ち勝ち、強い自信を手に入れたという成 熟や進歩を描くなら、序盤で「怯え」をフラグとして使いましょう。

何に「怯え」を抱くかで、
その人となりがわかってくる

気がかり 【きがかり】

［英：Worry ］

【意味】

不安で気になること。心配事が心に引っかかっていること。

【類語】

危惧　思案　杞憂　屈託　懸念　憂鬱　神経質　不安　気苦労　鬼胎など

体（フィジカル）の反応

- 浮かない顔
- 寝つけない
- 寝覚めが悪い
- 手を組んで安心感を得ようとする
- 声が曇る
- 疲れが溜まりやすい
- 体や手元にあるものをしきりに触る
- 息がしづらい
- 喉が渇く
- 唇を噛む
- 目に力が入る
- 立ったり座ったりを繰り返す
- 落ち着かなくて歩き回る
- 体がこわばった感じ
- 食欲が湧かない

心（メンタル）の反応

- そわそわする
- 不安を感じる
- ものがつっかえた感じがする
- 気分が晴れない
- 心もとない
- じれったくて、いてもたってもいられない
- 中途半端な感じが続く
- 気が揉める
- 未練が残る
- 悲観的になる
- ほかのことに手がつかない
- 心ここにあらずな状態
- 焦燥感がある
- 自信がない
- 意識を集中できない

支流から本流へと幹を描けば 読み応えのある骨太な展開に

　不安な気持ちにさせる**「気がかり」な事案を、登場人物に小出しで与えていくと、物語のフックとなって読者を引き込めます**。特にミステリーではこのテクニックが有効です。

　A、B、Cという3人の登場人物に対して、序盤から各々が「気がかり」になる材料を付与し、一見するとそれら3つの不安材料はまるで無関係に見せます。ところがそれらを紐づける共通項が浮き彫りになるにつれ、3人の「気がかり」な不安材料が大事件へとつながっていき——些細なはずの杞憂や懸念が、じつは凶行を呼び起こす予兆だった。というように、支流から本流へとストーリーの幹を描いていけば、読み応えのある骨太な展開になります。

　それには齟齬のないプロット構築と、ディテールまで計算し尽くしたフラグの設定および回収が求められます。

　やや難易度が高いものの、日常の「気がかり」な伏線に着目するとアイデアが浮かびやすいので、ぜひトライしてみてください。

各々の「気がかり」なもやもやが 大事件に発展することも

不安を感じる

悲観的になる

寝つけない

うぬぼれ

[英：Smugness]

【意味】

自分が優れていると思い満足する、得意になる状態。

【類語】

自信　自賛　自尊心　矜持　天狗　高飛車　おごり高ぶる　プライド
ナルシシズムなど

体（フィジカル）の反応

○ 腕を組んで堂々と構える
○ 足を広げてどっしりと座る
○ 得意げな表情
○ 上から目線でものをいう
○ 胸を張ってのけぞった姿勢
○ いばって偉そうにふるまう
○ 足を組む
○ くつろいだ状態

○ 声が大きくなる
○ 得意なことをひけらかす
○ 協調性に欠けたふるまい
○ 相手をからかう
○ 誇らしげに話す
○ 意気揚々と大股で歩く
○ あざけるように笑う
○ 生意気な態度

心（メンタル）の反応

○ 人を見下す
○ 好戦的
○ 自己肯定感が高い
○ 余裕のある状態
○ 高慢になる
○ 自信に溢れる
○ 思いこみが激しい
○ 何でもできる気がする

○ 安心感がある
○ 優越感を抱く
○ 自分が正しく、相手に非があると
　思う
○ 楽観的になる
○ 自分に陶酔した状態
○ 目立ちたい
○ プライドが高い

「うぬぼれ」て過信すると必ず一度はどん底に叩き落とされる

自らに惚れると書く**「うぬぼれ」は、物語創作において主にフラグとして活用**されます。

主人公が「うぬぼれ」て過信した場合、必ずその後一度はどん底に叩き落とされます。自分は仕事がデキると「うぬぼれ」れば、手痛い失敗を犯します。もはや俺は無敵だと「うぬぼれ」れば、思わぬ敗退を喫して地面に這いつくばります。

逆に敵役が「うぬぼれ」たときは、主人公に大きなチャンスが巡ってくると考えて差し支えありません。

とても簡単ですね。では、なぜ「うぬぼれ」＝失敗というフラグ方程式が出来上がっているかというと、これまた簡単です。**「うぬぼれ」て鼻高々な人はイヤな奴として万人に嫌われるから**です。特に日本人は奥ゆかしさに重きを置き、リスペクトする傾向にあるため、「うぬぼれ」への反発心が強いという特徴があります。

主人公のキャラ設定は謙虚な性格にすれば間違いありません。

こういう展開が予測できない人こそ

「うぬぼれ」る一例

自己嫌悪 【じこけんお】

[英：Self-loathing]

【意味】

自分自身のことが嫌になる、うとましく思う状態。

【類語】

自己否定　自己憐憫　自己卑下　慚愧　憎しみ　恥じらい　情けなさ
不甲斐なさなど

体（フィジカル）の反応

- 俯きがち
- ため息をつく
- とぼとぼと力なく歩く
- 顔を手で覆う
- 頭を抱える
- 涙が出る
- 目に気力がなくなる
- やつれた表情
- 疲れが溜まって取れない
- 息苦しくなる
- おどおどした態度
- 喉が詰まる感じがある
- 縮こまって座る
- 塞ぎこんでしまう
- 猫背になる
- 元気がなく、うなだれる

心（メンタル）の反応

- 自分に飽き飽きする
- すっきりしない
- 悲観的になる
- 気分が沈んで晴れない
- 後悔する
- 嫌なことがあると、しばらく
  引きずりがち
- 鬱屈した考えに囚われる
- 自分に非があるという
  考えに行き着く
- どんよりと曇ったような気持ち
- 負い目を感じる
- 自己肯定感が低い状態
- 何かするときに、緊張してしまう
- 気が弱く臆病になる
- すべてに自信が持てない

主人公の行動原理を納得させる
好材料にもなる「自己嫌悪」

内向的思考に主人公を立ち返らせることは、物語に静的な深みと余韻をもたらします。

たとえば、**「自己嫌悪」させると、主人公という人となりを読者にありありと伝えられます。**

基本的に「自己嫌悪」とは、過去や現在の自分自身を分析したうえで、不甲斐なさや負い目や恥じらいを感じるもの。つまり、なぜ自身を嫌悪してしまうのか、その理由を明確に晒すわけなので、読者は一歩踏みこんだ人間性を窺い知ることができます。

物語としては前に進まず、どちらかといえば展開がストップする流れになるものの、その後の主人公の行動原理を納得させる好材料にもなるので、綿密に計算して主人公に「自己嫌悪」させましょう。

ただし注意するポイントがあります。**物語中、主人公の「自己嫌悪」は一度にとどめてください。**何度も何度もくよくよ「自己嫌悪」を繰り返す主人公だと、読者が辟易してしまいます。

主人公が「自己嫌悪」を繰り返せば

物語の世界観が真っ暗になる

確信 【かくしん】

[英：Certainty]

【意味】

固く信じて疑わないこと。

【類語】

信念　所信　信奉　確証　断定　信用　信頼　過信　トラストなど

体（フィジカル）の反応

- しっかりとアイコンタクトを取る
- 目が合ったらほほ笑む
- 目がキラキラと輝く
- 大きくうなずく
- 胸を張り堂々と歩く
- ゆったりと話す
- どっしりと椅子に座る
- 自信に満ちたすがすがしい表情
- 冷静な態度で接する
- 鼻歌を歌う、口笛を吹く
- 否定的な意見をすぐにしりぞける
- 自分の意見を貫こうと躍起になる
- 目力が強くなる
- 面持ちが上がる
- 声色が太くなる
- 言動に余裕が生まれる

心（メンタル）の反応

- 晴れ晴れとした気持ち
- 集中力が高まる
- 視界が開ける感覚
- 自分は抜きん出た人だと感じる
- やる気がみなぎる
- 胸が高鳴る
- まわりの人と積極的に関わろうとする
- 否定的な立場の人を排除したい気持ち
- 成功した姿を想像する
- 自分の意見以外すべて間違っていると感じる
- 都合のいいこと以外目に入らなくなる
- 誰にも負けないと思える

読者の期待を裏切って驚かせる「確信」を用意しよう

左 ページの意味にあるように、「確信」とは、〝固く信じて疑わないこと〟。強い意味を持つ語彙です。

物語の展開において「確信」は決め手となる重要なセンテンスを担います。たとえば以下の通りです。

『少年は確信に満ちた足取りで進んでいく』

『真犯人が誰なのかはすでに確信していた』

このように、起承転結の結へと向かう道筋をつくる、決定的な何かを導きます。そのうえで行為を後押しする裏づけとなるわけですから、ある意味で読者の期待を裏切って驚かせる「確信」を書き手は用意しなければなりません。

大切なのは意外性に加え、なぜ「確信」できるのかという謎解きを明確にすること。説得力なくして「確信」は成立しません。

さらに「確信」の乱発はご法度です。注意しましょう。物語が右往左往して、収拾がつかなくなります。

なるほど！ と思わせる「確信」は喜ばれる

疑う 【うたがう】

[英：Doubt]

【意味】

本当かどうか怪しく思う。不審がる気持ち。

【類語】

懐疑　怪訝　疑心　疑念　猜疑　不審　疑問視　怪しむ　いぶかるなど

体（フィジカル）の反応

- こわばった表情
- 唇を固く結ぶ
- 挑戦的な態度をとる
- 相手にわかるよう、大げさに首をかしげる
- 見下すように嘲笑する
- 眉をひそめる
- 腕を組む
- 相手の発言を片手で払いのける仕草
- 相手に何度も質問する
- 貧乏ゆすりをする
- 指でテーブルを小刻みに叩く
- 大きなため息をつく
- 鼻を鳴らす
- 目を直視できない

心（メンタル）の反応

- 体がこわばる
- 相手の思考を自分の思うままにしたいと思う
- 鼓動が速くなる
- 頭に血が上る感覚
- 怒りが湧いてくる
- 相手の嫌なところが目につき、イライラする
- 相手と議論する姿を想像する
- ネガティブな思考になる
- 自分の立場を正当化したいという欲求
- 不安感を覚える
- 自分の味方を作りたいと感じる
- 憤りを覚える
- 人への信頼感が損なわれる

予測がつかない混沌は読者にとって至福の時間となる

疑 いは甘い蜜の味がします。もっともこれは物語上のお話です。現実世界での「疑う」は、ブラックで嫌な感じしかしません。

では、なぜ物語の「疑う」はそれほど甘いのでしょう。

答えは簡単です。

「疑う」ネタがあればあるほど、物語は波乱に満ち、先の読めない展開が約束されるからです。読者はストーリーが二転三転して、予想を裏切られる大どんでん返しを期待しながら読み進めます。

A氏だと思っていた犯人が、途中でB氏になったと思いきや、今度はC氏を「疑う」刑事が現れ、そのまま終わるかという局面で、さらに謎のD氏が浮上して――それぞれに「疑う」要素があるだけに、誰が犯人か予測がつかない混沌は、読者にとって至福の時間です。

まさに**疑いは甘い蜜として、物語を深め、盛り上げてくれます。**

その分、「疑う」ネタをあれこれ用意する書き手のハードルは上がります。ラストですべての疑いを回収しなければなりませんから。

一寸先は闇のような疑いに満ちた展開を

懐かしむ 【なつかしむ】

[英：Nostalgic]

【意味】

過去のことを思い返し、それにひたること。

【類語】

懐古　懐旧　回顧　追憶　回想　郷愁　望郷　ノスタルジー　サウダージなど

体（フィジカル）の反応

- 落ち着いたトーンの声
- 優しくうるんだまなざし
- リラックスした表情
- 思い出の品を手に取る
- 遠くをぼんやりと眺める
- ゆっくりと目を閉じる
- 思い出話をする
- 丁寧でゆったりした所作
- 思い出を共有している人に連絡をとって語り合う
- ため息をつく
- 首を横に傾ける
- 当時の映画や音楽を鑑賞する
- 目や鼻の奥がツンとする
- 思い出の場所に足を運ぶ
- 記憶を辿ろうと上を見上げる

心（メンタル）の反応

- 胸がじんわりと熱くなる
- 過去と現在の類似点を見つけ出す
- 感傷的な気持ち
- 時間の感覚がなくなる
- 全身の力が抜ける
- やる気が出ない
- もう一度過去のある地点に戻りたいと望む
- 周囲の様子を気にしない
- やるべきことに手をつけられない
- 思い出を美化する
- 思い出の細部まで思い出そうと試みる
- 経験したことに対して満足感を覚える
- 郷愁で胸が切なくなる

物語の時系列を自在に操るには語彙力がモノをいうことも

小説には、物語展開の途中でキャラクターの過去を振り返って描写する〝背景〟という手法があります。

現在進行形のストーリーに対して、昔話を挿入することでキャラクターの生い立ちや家庭環境やトラウマを明らかにし、行動理由と目的意識を補足する役割を担うパートです。

その際に有効な感情語彙が「懐かしむ」。

具体的には次のように使います。

『悠斗は海を眺めるうち、中学生の頃を懐かしむ。ずっと海のそばで育った。海は当時の気持ちを呼び起こしてくれる。思えば転機は13歳の夏に訪れていたのかもしれない――。』

次の行から13歳の夏を舞台にした悠斗の〝背景〟が始まります。「懐かしむ」表現をインサートして活用すれば、現在から過去へのワープが自然に成立することがおわかりいただけると思います。物語の時系列を自在に操るには、語彙力がモノをいう一例です。

「懐かしむ」を活用すれば
輝かしいあの頃に戻れる

葛藤 【かっとう】

［英：Conflicted］

【意味】

心のなかに相反する感情が生まれ、どちらを選ぶか迷うこと。

【類語】

苦慮　相克　苦悶　もつれ　せめぎ合い　対立　衝突　矛盾　ジレンマなど

体（フィジカル）の反応

- まばたきの回数が増える
- 頭をかきむしる
- 唇を触りながら考えこむ
- 視線がさまよう
- 険しい表情
- じっとしていられない
- 身なりに気を使わない
- 質問に曖昧な返答をする
- 会話のキャッチボールができない
- よく考えずに謝罪の言葉をいう
- 何か口にしながらもやめる
- 無意識に首を横に振る
- 何度も頬を膨らませたり
  しぼませたりする
- 貧乏ゆすりをする
- 舌打ちを繰り返す
- 頭が締めつけられるように痛む
- 胃がキリキリと痛む

心（メンタル）の反応

- 体が重く感じる
- 複雑な心境をすべて口に
  出したくなる
- 静かで穏やかな環境に身を
  置きたくなる
- 集中力が低下する
- 視界がぼやける感覚
- ネガティブ思考
- 自分に自信がなくなる
- 悩み以外のことに関心がなくなる
- まわりの人の意見を精査しよう
  とする
- 理路整然とした
  思考ができなくなってしまう

読者は窮地でのひたむきさや前向きさに共感し応援する

か わいい子には旅をさせよ、と昔からいいますが、恋愛小説でも、ファンタジーでも、ミステリーでも、バトルモノでも、とにかく主人公には「葛藤」させてください。

Q：なぜ「葛藤」させたほうがよいのでしょうか？

A：それはキャラ造成が深くなるからです。

昨今の物語の潮流は、ストーリーよりもキャラ造成に重きを置いた創作のほうがウケる傾向にあります。とりわけ小説では、性格や人間性を表す〝内面造成〟が重要視されます。

一方で読者は、ここぞという窮地でのひたむきさや前向きさに共感し、応援したい気持ちになるもの。よって魅力的な性格や人間性を描くには、悩んだり苦悩したりする局面での在り方を利用します。「葛藤」させれば人は切羽詰まりますから、そこでいい人としての言動を印象づければキャラ造成に成功します。SAVE THE CAT の法則に似ていますが「葛藤」からの好転は、まず間違いありません。

今の時代、キャラ造成は外見よりも中身が大切

感謝【かんしゃ】

［英：Gratitude］

【意味】

心からありがたいと思う気持ち。恩恵や利益を受けたことにお礼をいうこと。

【類語】

謝意　謝辞　謝恩　謝儀　深謝　奉謝　お礼　ありがたさなど

体（フィジカル）の反応

- 自然と涙が流れ出る
- 目がキラキラと輝く
- 温かみを含むまなざし
- ほほ笑み、明るい表情
- 上ずった、興奮した声色
- お礼の言葉をいう
- 腰を深く曲げておじぎをする
- 胸に手を当てる
- 相手の手をぎゅっと握る
- 相手の肩や腕に触れる
- 相手にハグをする
- 深くうなずく
- 相手にプレゼントを用意する
- 喉の奥で言葉が詰まる

心（メンタル）の反応

- 胸に何かがこみ上げてくる感覚
- 心がいっぱいになる
- 全身の筋肉の緊張がほぐれる
- 顔や手足がじんわりと温かくなる
- 痛みを感じなくなる
- 優しい気持ちになる
- 自己肯定感が上がる
- 相手が喜ぶことをしたいと思う
- 体内に熱い血がめぐる感覚
- 溢れ出るさまざまな気持ちを抑えようとする
- この気持ちをずっと忘れずにいたいと望む
- それまでの辛さや苦しさが胸の内からすっと消える
- まわりへの信頼や信用が大切だと感じ入る
- 大きなものに圧倒される感覚

〝悪役がじつは善人〟パターンは「感謝」の言葉で成功する

明らかに好印象を与える行為「感謝」ですが、誤った使い方に陥りがちなので注意しましょう。まず「感謝」の多用はご法度です。主人公のいい人キャラを演出したいがため、誰彼構わず「感謝」してしまうと、ただの〝軽い奴〟に成り下がってしまいます。

主人公が感謝するのは、仲間が絶体絶命の窮地から救ってくれたときや、ラストでの感動的場面といった〝ここぞ〟の1回にとどめます。

また、あからさまに「感謝」の言葉をくどくど述べると、押しつけがましい印象を与えてしまいます。さりげないひと言だけでOKです。そのほうがシャイな雰囲気や本音を押しとどめる奥ゆかしさが演出され、ナチュラルにキャラ印象がアップします。

一方で**効果的なのは、ライバル的悪役キャラが、ふとしたタイミングで「感謝」するシーン**。いい意味で読者の期待を裏切る、〝悪役がじつは善人〟パターンは「感謝」の言葉をいわせるだけで読者をホロリとさせ、成功する場合があります。

「感謝」は言葉にしなくても
いろいろな形で表せる

自然と涙が流れ出る

相手にハグをする

優しい気持ちになる

感動 【かんどう】

[英：Moved]

【意味】

ある物事に強く心を動かされること。

【類語】

感心　感激　感銘　感泣　感極まる　琴線に触れる　胸を打つ
胸が熱くなる など

体（フィジカル）の反応

- 目がキラキラと輝く
- 涙を流す
- 声が震えたり、かすれたりする
- 言葉が何も出なくなる
- 胸に手を当てる
- 唇を噛みしめる
- 鳥肌が立つ
- 頬が赤く染まる
- 手と手をハイタッチする
- 手足の感覚がなくなる

- まわりの人とハグをする
- ゆっくりと目をつぶり、喜びを噛みしめる
- 人に感謝の言葉を伝える
- 全身がわななく
- 足に力が入らなくなりその場に倒れこむ
- 鼻がツンとするような痛みや熱さを感じる
- 目の奥が熱くなる

心（メンタル）の反応

- 胸がいっぱいになる
- 胸に何かがつっかえるような感覚
- 全身の力が抜ける感覚
- 一瞬気が遠くなる
- 精神が興奮状態になり眠れない
- さまざまな感情が一気に溢れ出す

- まわりの雑音が気にならなくなる
- 複雑な想いが一緒くたに押し寄せる
- 自己肯定感に満たされる
- 現実から意識が乖離する
- 心にあたたかいものが染みわたる

「感動」は物語創作に関わる人に馴染み深い、永遠のテーマ

感 という字は、物事に対して生ずる心の動きという意味を持ちます。感心、感激、感銘、感泣、左ページのように、感がつく熟語は多くあります。なかでも**「感動」は物語創作に関わる人に馴染み深い、永遠のテーマとなる語彙**ではないでしょうか。

多くの物語は、読者の方々になにがしかの「感動」を与えるために書かれるからです。さらに物語中にも主人公をはじめとする登場人物たちのさまざまな「感動」が詰まっています。

しかし、永遠のテーマだけに使い方には注意が必要です。

ふたたび左ページをご覧ください。「感動」がもたらす心身の反応は多種多様。それゆえ文中にて『Aはとても感動した』というふうに「感動」という語彙をそのままを使わないよう心がけてください。

どのように「感動」したか、そのレベルや具体的な肉体の変化、相手への態度など、**「感動」という語彙を使わずしていかに「感動」を伝えるかが、読者に「感動」を与える、最大の秘訣**となるのです。

「感動」は「感動」という語彙を使わずして伝える

期待【きたい】

[英：Anticipation]

【意味】

ある物事が実現することを心待ちにすること。

【類語】

希望　希求　所期　願望　本望　見込み　待ち望む　こいねがう　ホープなど

体（フィジカル）の反応

- 周囲を行ったり来たりと落ち着きのない行動に出る
- 唇を噛む
- 何度も時計を見やる
- スマホを頻繁に確認する
- 手足が震える
- 手汗をかく
- 前のめりな姿勢になる
- 相手を質問攻めにする
- 目がキラキラと輝く
- 食事が喉を通らなくなる
- 足を踏み鳴らす
- 髪の毛をよく触る
- 自分の手をぎゅっと握る
- 鼓動が速くなる
- 呼吸が浅くなる

心（メンタル）の反応

- ソワソワする
- 集中力が低下する
- ポジティブな思考
- ネガティブな意見が耳に入らなくなる
- 成功したときの自分の姿を妄想する
- 喉が締めつけられるような感覚
- 人の言動に敏感になる
- 気が焦る
- 時間の経過を遅く感じる
- 感情が高まりすぎないよう気持ちを抑えこむ
- 情緒が不安定になる
- まわりの人と積極的に関わろうとする

主人公の「期待」通りに運ぶのは
たった一度きり、ラストだけに

何 かを願い、望む「期待」は、人の感情で大切な役割を担っています。人は「期待」を抱くからこそ、明日も明後日も前向きに生きようと気持ちを新たにできます。もしも「期待」するものが何ひとつなければ──そんな日常が楽しいと思えますか？

　答えはNOですね。

「期待」がなかったり、もしくは「期待」外ればかり続いたりすれば、誰でも生きているのが嫌になってしまいます。

　が、**物語の主人公に関してはどんどん「期待」を裏切り、次々に失望と絶望を与えましょう**。「期待」通りに進む主人公を見ていても、読者はちっとも楽しくありません。度重なる苦悩と痛苦でどん底に落ち、そこから努力と友情で勝利を掴むからこそ楽しいのです。

　つまり、**物語において主人公の「期待」通りに事が運ぶのは、たった一度きり、しかもここぞという、ラストで成就**させましょう。これこそ読者が「期待」するハッピーエンドの理想形なのです。

「期待」を裏切る連続展開からの
「やったー！」が効果的

緊張【きんちょう】

[英：Nervous]

【意味】

ある物事が気がかりで、心身が張り詰めて興奮状態になること。

【類語】

引き締まる　こわばる　張り詰める　切羽詰まる　ナーバス　ナイーブなど

体（フィジカル）の反応

- 口のなかが異様に乾く
- 食欲がなくなる
- 全身が粟立つ
- じっとしていられない
- 動作がせわしなくなる
- 手悪さをする
- 相手への返事がしどろもどろになる
- 声が震える
- いつもより早口になる
- 震える手をぎゅっと握る

- 咳払いをする
- まばたきが多くなる
- 顔や耳が赤くなる
- 呼吸が速く、浅くなる
- 手汗をかく
- 頭が締めつけられるように痛む
- 息苦しさを感じる
- みぞおちの痛み
- 気分が悪くなる
- 物音や匂いに敏感になる
- 身震いがする

心（メンタル）の反応

- 心臓が口から飛び出そうになる
- 意識が遠のいていく感覚
- 些細なことにいら立つ
- 時間の経過が遅く感じる
- 言動がぎくしゃくする

- 始まる前から失敗した姿を想像する
- まわりの人に緊張を悟られたくないと感じる
- 窮屈な感じがする

「緊張」した場面を描くコツは〝間〟を自在に支配する筆力

張り詰めた空気感の描写力が問われるのは、ミステリー、サスペンス、ホラーの分野です。登場人物の心理状態や性格や動作や言葉遣いなど、ただ伝えたい内容を平坦に書くだけでは面白味に欠けます。「緊張」した状態を自在に描けてこそ、緩急をつけたメリハリある展開で読者をハラハラ・ドキドキさせられます。

ところが「緊張」を描くのは難易度が高いうえ、労多くして報われないケースが多いもの。「緊張」した場面を描くコツは〝間〟を自在に支配する筆力にあります。具体的には**現在進行形のストーリーでの〝瞬間〟や〝一瞬〟といった刹那、時間が止まった〝静止〟の一拍、〝直前〟〝直後〟といった前後の時の流れを、会話文であれ地の文であれ、リズム感を意識して盛り込むこと**です。

名作と呼ばれる怖い映画の名シーンを自分なりに文章で表現する練習を積むと「緊張」の〝間〟を描くコツがわかってきます。

ぜひトライしてみてください。

「緊張」するシーンを
映像並みに文章化してみよう

欲望【よくぼう】

[英：Desire]

【意味】

足りないものを満たしたい、と強く思う気持ち。

【類語】

切望　渇望　願望　所望　欲求　渇する　欲張り　喉から手が出る
せがむ　など

体（フィジカル）の反応

- 目がぎらぎらと輝く
- 視線をそらさずじっと見つめる
- 唇がやや開く
- 顔や唇を頻繁に触る
- 身につけているものをよくいじる
- 頬が赤くなる
- 手汗をかく
- 姿勢が前のめりになる
- 窓の外をぼんやり眺める
- 眠りが浅くなる
- 気を紛らわそうと趣味や仕事に没頭する
- 注意散漫になる
- 相手の仕草を真似する
- 血がたぎる
- 激情に身もだえする
- 頭がクラクラする
- 嗅覚や触覚が敏感になる

心（メンタル）の反応

- 集中力が低下する
- 欲しいものを手に入れる計画を練る
- 欲しいもの以外のことに興味が湧かなくなる
- 欲望が満たされたときの姿を妄想する
- 自分の鼓動が体内に響く
- 息をするのを忘れる感覚
- 体の奥からゾワゾワするものがこみ上げる
- 胸が締めつけられる感覚
- 時間の経過を遅く感じる
- 頭に血が上る感覚

ヒーローは獣のような私的「欲望」を持ち合わせていない

鉄板ではありますが、「欲望」は敵役（あるいはライバル）に盛り盛りで盛ってください。理由はおわかりですね？

そう、「欲望」の強い人間は理性や知性の乏しい、業の塊に映ります。すなわち悪者のイメージにぴったりなのです。

さらに物語の展開を効果的に進めるには、**敵役の獣のような「欲望」が、主人公にとって大きなダメージになる要因として設定**しましょう。

つまり敵の「欲望」が満たされていくごとに、どんどん主人公は苦しめられ、窮地に立たされていくのです。ハリウッド映画でも日本のアニメでもドラマでも、こうした図式は多々目にします。

では、主人公の「欲望」はどうすればいいのでしょう？

この答えもまたおわかりですね。たとえばヒーローを例に挙げますと、ヒーローは獣のような私的「欲望」を持ち合わせていません。

主人公が持つのは「欲望」ではなく、願いや祈りなのです。この違いをよく理解して物語に取り組むようにしてください。

無欲こそがヒーローの条件となる

失望【しっぼう】

［英：Disappointment］

【意味】

期待が外れて落胆する気持ち。将来の望みを持てなくなること。

【類語】

絶望　失意　喪失　悲嘆　悲観　打ちひしがれる　意気消沈　茫然自失　など

体（フィジカル）の反応

- 涙をこらえる
- 涙を流す
- 青ざめた表情
- 虚ろなまなざし
- 身動きがとれなくなる
- 口が開いたままになる
- その場に崩れ落ちる
- 足元がふらつく
- 背中を小さく丸める
- 手で顔を覆う
- 唇を噛む
- 吐き気を催す
- 拳で壁や地面を叩く
- 自分の存在を卑下することをいう
- 大量のアルコールを摂取する
- 何度もため息をつく
- 胃が締めつけられる
- 鼓動が激しくなる

心（メンタル）の反応

- すべての物事に価値がないと感じる
- 時間の感覚がなくなる
- 喉が締めつけられる感覚
- 体が重たく感じる
- 後悔の念にさいなまれる
- 自分は孤独だと思い込む
- 頭の整理がつかず呆然とする
- 集中力が低下する
- まわりの視線を気にしなくなる
- 自己否定ばかり繰り返す
- 他人を信じられなくなる
- 未来に希望が持てなくなる
- 心にぽっかり穴があいた感覚

誰もが経験する「失望」は 応援する気持ちを呼び起こす

意 気消沈してしまう「失望」。できれば味わいたくないものですが、生きている以上避けて通れません。

58ページ「期待」で、〝物語の主人公には失望と絶望を与えましょう〟と書きました。ここでは「失望」について詳しく解説します。「失望」の度合いには個人差があるものの、「失望」する一瞬は将来への望みが断ち切られます。そうした一寸先は闇状態に主人公を置けば、読者は自身に重ね合わせ、なにがしかの共感を覚えます。誰もが経験する「失望」だからこそ、応援したくなる気持ちを呼び起こします。この心理的作用を利用しない手はありません。

一見すると日常の「失望」にはネガティブ要素しかありませんが、物語創作においては〝おいしいフラグ〟にもなり得るのです。

となれば**物語で主人公に与えるのは、その時代や潮流で多くの人が辛酸を嘗める「失望」にしましょう**。そうすればよりたくさんの読者に共感をもたらし、物語の掴みがOKになること請け合いです。

「失望」という心理的作用を利用し

読者に応援してもらおう

心配 【しんぱい】

[英：Unease]

【意味】

物事が悪い方向へ進むのではないかと思い、心が落ち着かないこと。

【類語】

気がかり　不安　懸念　危惧　憂慮　思いわずらう　案じる　気をもむ
危ぶむなど

体（フィジカル）の反応

- 声が震える
- 唾液を過剰に飲みこむ
- 手汗をかく
- 胃がキリキリと痛む
- 頻繁に唇を噛む、舐める
- 無意味に爪を噛む
- 何度も腕や足を組み変える
- 立ったり座ったりを繰り返す
- 身につけているものをいじる
- 髪の毛を触る
- 鼻に指先を当てる
- 落ち着きがなくなる
- 険しい表情
- スマホを頻繁に見る
- 視線が宙を泳ぐ
- 呼吸がひどく乱れる
- 妙な心臓の鼓動を感じる
- 息苦しさを覚える

心（メンタル）の反応

- 胸がソワソワする
- 目の前のことに集中できない
- 用心深くなる
- 小さな異変を気にする
- 何かがおかしいと感じる
- 結果が出る前から失敗する場面を想像してしまう
- 血の気が引く感覚に囚われる
- まわりの人から否定されている気がしてならない
- 孤独を感じる
- その場から立ち去りたくなる
- ポジティブ思考になれない
- 悲嘆に暮れる

身体の部位の状態を詳細に 文章化したほうが読者に伝わる

　心　が不安で、気に病む「心配」は、感情のなかでも心身にさまざまな象徴的反応をきたします。

　しかも左ページをご覧いただくと、そのどれもが日頃の我が身に覚えのある状態だと気づきませんか？

　つまり、日々暮らしているということは「心配」な事象だらけなのです。ちょっとしたことで険しい表情になったり、胸がソワソワしたりするのは、あなたがつねに何かを「心配」している証といえます。

　しかも「心配」は、うれしさや満足感を表す「喜び」と比較すれば、心身にデリケートかつ微細な変化をもたらします。実際には「心配」というひと言では表現できないほど細分化されます。

　よって物語創作で**「心配」を表現する際は、身体の部位の状態がどうなっているかを詳細に文章化したほうが読者に伝わります。**

　たとえば、

『**彼のことがひどく心配でならなかった。**』

　と、そのまま「心配」という語彙を用いて書くよりは、

『**声が震え、胃がキリキリと痛む。全身の血の気が引く感覚に襲われ、もはや息すらできないほど、彼が気がかりでしょうがなかった。**』

　というふうに、**声、胃、全身、血、息と、各部位での状態をこと細かに綴ったほうが臨場感に溢れ、「心配」度合いの切実さを読者にイメージさせることができます。**

　ひと手間もふた手間もかかるのが、「心配」という感情の表現です。しかし、こういった書き手の良心ともいえる丁寧な技巧の連続が、〝文章力の高い作家〟として評価されるポイントになります。

　ぜひ修練を重ね、体得してみてください。

無力感【むりょくかん】

[英：Powerlessness]

【意味】
自分に力がないことがわかるとき、自分には何もできないと感じるときの虚しい気持ち。

【類語】
虚しい　虚脱　無常　空虚　自信喪失　挫折　情けなさ　徒労　諦めなど

体（フィジカル）の反応

- だらだらと動く
- ため息ばかりつく
- 肩をすくめて俯く
- ものや人にぶつかる
- 手をうしろに組む
- 椅子にもたれかかる
- 額に手を当てうなだれる
- 食欲がなくなる
- 抑揚のない声で話す
- 質問に適当な返事をする
- 自分を卑下する言葉を吐く
- 虚ろなまなざし
- 遠くの一点を見つめる
- 人との関わりを避ける
- 人の指示に安易に従う
- 身なりを気にしなくなる
- 体が重くなる
- 五感が鈍くなる

心（メンタル）の反応

- やる気を感じない
- 気弱になる
- 物事に取り組む前から失敗した姿を想像してしまう
- 過去の成功を思い返してつい感傷的になる
- 体に力が入らない感覚
- 自己嫌悪に陥る
- 胸が締めつけられる
- 喉が絞まる感覚
- 空想の世界に逃避する
- 時間の経過を遅く感じる
- 判断を人に委ねる
- すべてを手放したくなる

「無力感」に囚われるときより脱却する理由のほうが難しい

虚 脱して何もできなくなる「無力感」は、リアルな現実世界の場合、突然理由なく襲ってきたりします。

けれども物語において**登場人物が「無力感」に囚われる場合は、〝なぜそうなったのか？〟理由づけが必要**です。「無力感」に至る精神的ショックや物理的事故など、必然性がなければ読者は納得しません。

たとえば『ドラえもん』は尻尾がスイッチなので、誰かが引っぱると全機能停止して無力化するという確固たる理由があります。

同様に気をつけなければならないのが「無力感」から脱する方法。こちらも理由なく突然元気になってしまえば読者は納得しません。

むしろ**「無力感」に囚われるより、「無力感」から脱却するほうが理由づけが難しいため、その扱いに注意しましょう**。それでいて主人公が「無力感」から劇的に回復し、今まで以上のパワーを取り戻せば、読者は拍手喝采で喜びます。扱いにくくはありますが、上手に使えば物語を盛り上げるのが「無力感」の面白いところです。

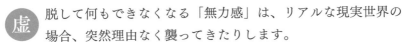

このプロセスで
一体何が起きたのかが物語では重要

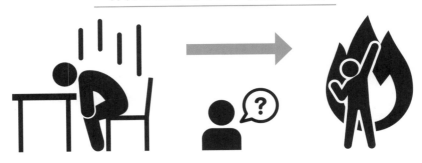

感情をオノマトペで表現する

　文章に活き活きとした表現を添えるオノマトペは、上手に使えばシーンの臨場感を高めて強い印象を与え、読者を引き込む効果があります。

　そもそもオノマトペには、対象の様子や状態を表す擬態語、音全般を独自に表す擬音語、さらには動物や人の声を表す擬声語の３種類があります。例を挙げると、わかりやすいでしょう。

　擬態語は〝太陽が「ぎらぎら」輝く〟、擬音語は〝風が「びゅうびゅう」吹きすさぶ〟、擬声語は〝羊が「めえめえ」鳴く〟といった感じです。

　オノマトペは物語創作においてとてもポピュラーな表現手法のひとつ。的確に使えば、文章で伝わりにくいニュアンスをリアルに書き分けることが可能となります。

　たとえば〝泣く〟シーンを文章化する際、オノマトペの種類は限りなくありますが、以下のように６つの具体例を挙げて並べてみました。

「しくしく」泣く	「ぽろぽろ」泣く	「ぼろぼろ」泣く
「さめざめ」泣く	「わんわん」泣く	「おんおん」泣く

　ざっと一読しただけでも、泣くレベルや、涙の量・質の違いがおわかりいただけると思います。感情表現という文字化で伝えにくい分野でも、オノマトペを用いると、読者のイメージを掻き立てられます。

　作家には各々独自のオノマトペを持つ方が多く、得意表現として使うことで文脈にオリジナリティが生まれ、作品の魅力につながります。

PART. 2

登場人物を印象づける
身体の描写方法

PART.2

　物語において登場人物がどのような姿をしているのかというのは、非常に重要です。たとえば物語のヒロインであれば「容姿端麗でつやつやとした長い髪」という描写をするとイメージしやすく、「ガリガリに痩せていて鷲鼻、切れ長の眼をしている」と書けば、悪役を連想する人は多いでしょう。顔つきや髪型、体型などは人物の性格と結びついており、それを印象的に書くことによって人となりを端的に表現することができます。

　また、「目は口ほどにモノをいう」ということわざがあるように、人の本当の感情や思いというのは、言葉ではなくちょっとした仕草や表情に表れるもの。物語の世

身体的特徴

界でも現実の世界と同様に、登場人物たちはセリフに出さない思いを抱えています。それをわずかな表情の変化や仕草として描くことにより、登場人物たちは活き活きとしはじめ、物語がグッと豊かなものになるのです。

　PART.2では、そのような人物の個性を端的に表す髪型や顔つき、体つきなどの語彙、心情が伝わる仕草や姿勢を印象的に取り入れる方法を紹介します。

髪 【かみ】

［英：Hair ］

【意味】

人の頭部に生えている毛。もしくは髪型を指す。

【類語】

前髪　後ろ髪　後れ毛　襟足　もみあげなど

関連語と文章表現

- 風でさらさらと揺れる髪
- 長い髪が肩を滑る
- ひとつ結びに縛る
- 櫛で髪をとかす
- ひっつめ髪に結う
- ひどい寝ぐせ
- 濡れた髪が張りつく
- 切りそろえられた毛先
- 髪が波打つ
- 寝そべって広がった髪
- 髪が絡まってほどけない
- 黒くて艶やかな髪
- 短く刈り込んだ頭
- 下ろしたままの髪
- 生まれつきのくせ毛に悩む
- 走ると髪が乱れる
- 髪が跳ねていうことを聞かない
- 絹のように美しく流れる髪

- 年々白の割合が増えてきた頭
- まだ髪の生えそろわない赤子
- 羊のようにふわふわした髪
- 顔にかかった髪を耳にかける
- 輝きを放つブロンド
- 闇に溶ける濡れ羽色の髪
- 髪を引っ張り合うほどの喧嘩
- 邪魔な髪をかき上げる
- 眉が見えるほど短い前髪
- 幼さの残るショートヘア
- 前髪がパラパラと目にかかる
- 髪を触りながら話す
- 娘の髪を編み込む
- 無造作に束ねた髪
- 艶やかな黒髪
- かわいい後れ毛
- 風に洗われる長髪
- お洒落とは無縁の髪型

主人公の「髪」型は属性を加味し
キャラ設定に寄り添ったものに

役柄を端的にビジュアル化して表すのが、登場人物の「髪」型です。もちろんファッションも同様の役割を果たしますが、**描写がシンプルでわかりやすいのは断然「髪」型**です。

いくつか代表的な例をご紹介しましょう。

まず、スキンヘッドの男。これだけで強面ないかつい悪役をイメージできます。肩まで伸びた艶やかな黒髪の女性。こちらは何となく清楚で美しいヒロインを想起させます。金髪でショートボブの少女なら、アクティブでちょっと負けん気の強い女子を彷彿させます。

もちろん、多様性が叫ばれる時代ですので、一概に「これはこういうタイプ」と決めつけてばかりだと、読者の共感が得られません。**流行や世代を意識し、ネットなどで「髪」のスタイルやカラーバリエーションを勉強する**のも書き手にとって大切なひと手間です。

ちなみに主人公の「髪」型は、性格や知性や年齢といった属性を加味し、物語のキャラ設定に寄り添ったものにしましょう。

「髪」型のシルエットだけで
人物の性格まで見えてくるから不思議

顔【かお】

［英：Face］

【意味】

頭部の前面、目・鼻・口のあるところ。表情。

【類語】

顔色　形相　顔立ち　目鼻立ち　横顔　かんばせ　ルックスなど

関連語と文章表現

- あどけない顔
- 真剣な面持ち
- 顔色が冴えない
- 顔面蒼白
- 堂々たる面構え
- 素面ではいえない
- 何食わぬ顔で嘘をつく
- 顔に失望の色が浮かぶ
- 知られていない裏の顔がある
- 各方面に顔が広い
- 顔に泥を塗る
- 先輩の顔を立てる
- 甘いマスク
- 痛みに顔を歪める
- うっすらほほ笑む
- 彫りが深い端正な顔立ち
- すっぴんのまま出かける
- 酒に酔った赤ら顔

- 父の面影を感じる
- 近所のべっぴんさん
- 強面だが優しい人
- ポーカーフェイスを貫く
- 不機嫌そうなしかめ面
- 表情がコロコロと変わる百面相
- ぷくぷくとした丸顔
- 年齢不詳の童顔
- きりっとした輪郭
- メンツが丸つぶれ
- ふくよかな瓜実顔
- 無表情で立ち尽くす
- 泣き顔をさらす
- 褒められてどや顔になる
- 今どきのイケメン風
- 面の皮が厚い
- 男の顔は履歴書
- 厚顔無恥な人

〝顔なし〟状態になってしまうと読者は感情移入できなくなる

人の外観の印象の決め手となるのが「顔」です。これは小説でもラノベでも同じだと考えてください。

もちろん、漫画や映画と違い、ビジュアライズして読者に見せられないため、文章化によってその特徴を伝える必要があります。「顔」を文字で描写するポイントは、そのキャラでもっとも強調したい特徴をデフォルメすることです。

残忍かつ冷酷なヒール役（悪役）男性の場合、『ナイフのように鋭く、ギラリと光る切れ長一重の三白眼』というふうに、身近なモノのたとえを組み合わせれば、文字面の印象もイメージとして加えられます。

もうひとつ大切なポイントは、キャラの最初の登場シーンで必ず外見を説明し、そのなかでも「顔」の特徴を強調すること。冒頭でキャラの外見をはっきり伝えておかないと、読者は物語に入っていけません。いわゆる〝顔なし〟状態になってしまえば感情移入できなくなるため、「顔」の説明は物語描写のルールだと捉えましょう。

登場人物の「顔」の説明がなければ物語が生きてこない

顔のパーツ 【かおのぱーつ】

[英：Parts of the face]

【意味】

目、鼻、口など、顔を構成する要素。

【類語】

目　鼻　口　耳　おでこ　頬　唇　顎　眉　歯　こめかみなど

関連語と文章表現

- 丸くつるっとしたおでこ
- こめかみに青筋を立てる
- そっと聞き耳を立てる
- 地獄耳とはこのこと
- 疑惑に眉をひそめる
- ほほ笑ましくて目尻が下がる
- 凛々しい太眉
- 長く儚いまつげ
- クールで印象深い一重
- 愛らしいぱっちり二重
- 密かにアイコンタクトを交わす
- ガラス玉のように透き通った瞳
- 切れ長で迫力のある目
- もの言いたそうなまなざし
- 瞬きも忘れて見入る
- 引き込まれそうな瞳孔
- 涙で潤んだつぶらな瞳
- つんと鋭く尖った鼻梁

- 上品にスッと伸びた鼻筋
- 勝ち誇ったように鼻で笑う
- 鼻腔をくすぐる匂い
- 滑るようなわし鼻
- 低くてちょこんとした団子鼻
- うれしくて頬が緩む
- えくぼを見せて笑う
- 口元を押さえて涙を堪える
- 控えめなおちょぼ口
- 口元に覗く八重歯
- 悔しそうに歯を食いしばる
- 不機嫌に唇を尖らせる
- 人を顎で使う
- 肉づきのいい二重顎
- 口角を上げる
- まなじりを決する
- 目は口ほどにものをいう
- 三白眼の美人

類型的な印象訴求が備わる
基本形の描写をマスターしよう

前 ページでは「顔」についてご説明しました。ここでは「顔」を構成する「顔のパーツ」について触れたいと思います。

原則として、**各「顔のパーツ」には類型的な印象訴求が備わっている場合が多く、それら基本形の描写をマスターすると、応用的アイデアが浮かびやすくなります。**代表的な例を以下に挙げます。

● **きりっとした凛々しく太い眉毛**

　→意志が強くて物事の筋を重んじる頑固タイプ

● **つんと鋭く尖った鼻梁**

　→プライドが高くて自信満々な唯我独尊タイプ

● **口を閉じていても飛び出す2本の出っ歯**

　→人を騙しかねない油断禁物な狡猾タイプ

● **形をとどめないほど潰れて不格好な両耳**

　→柔道有段者でタフな刑事役に多い猪突猛進タイプ

　いかがですか？　「顔のパーツ」描写は面白いですね。

「顔のパーツ」は描写手法を間違えると

とんでもないことに

体【からだ】

［英：Body］

【意味】

頭から足の先までの全身。または健康状態を指す。

【類語】

身体　肉体　人体　体型　体つき　がたいなど

関連語と文章表現

- 見惚れるほどの美丈夫
- 非の打ち所がない健康体
- 理想の曲線美を手に入れる
- 見上げるほどの長身
- すらっとした八頭身
- 柔らかくふっくらとした体型
- しなやかに引き締まった体つき
- 緊張で身構える
- 怪しい風体の男
- 固く鍛え抜かれた肉体
- 中肉中背の標準体型
- ひょろっとした痩せ型
- 生身の人間
- 痩せた骨骨しい体
- たくましく強靭な体躯
- ずんぐりして重そうな体
- 恰幅のよい体
- 華奢で折れてしまいそう

- 肩幅が広く、がっしりとした体格
- 老骨に鞭打つ
- 自由の利かない老体
- 体たらくが目立つ
- 覇気のないなよなよとした体つき
- むちっとした弾力のある体
- ゆるんだ腰まわり
- 骨太で厚みのある体
- 体が病弱で心配
- 迫力のあるいかつい体
- 小さく丸々とした子ども
- ほどよく筋肉のある均整のとれた体
- 大人びた体つき
- 図体だけはでかい
- 長身痩躯の男
- いかにも不健康な肥満体
- 細マッチョなモテ体型

CREATOR'S FILE

役柄別にテンプレートの特徴を覚えておくと文章化に便利

体つきだけで登場人物の役柄を匂わすことができます。概ね一般的な小説やドラマや漫画や映画で共通するテンプレートなので、それら**特徴を覚えておくと序盤で各々の外見を文章化する際に便利**です。一言一句をそのまま流用するのではなく、あくまでイメージとして捉え、自分なりにアレンジしてみてください。

●**ヒーロー**：長身痩躯で八頭身くらい。日常的に鍛え上げられた筋肉質な体型だが、バランスが整った細マッチョで姿勢がいい。

●**ヒロイン**：すらりとした体型で凛とした抜群のスタイルを誇る。か弱そうな印象はなく、適度に全身が引き締まっている。

●**悪役（男性）**：恐ろしいほど痩せていて骨ばった体格。異様に上背があるが姿勢が悪い。手足のどこかに不具合のある場合が多い。

●**仲間（男性）**：頼れるバディなら、主人公以上にごつい筋肉質で背は高くないが強い。頭脳派なら、背が低くてひ弱な体格で運動音痴。

「肢体」や**「図体」**といった語彙を使えばさらに印象が変わります。

極端な話、シルエットだけでも役柄は一目瞭然

| ヒーロー | ヒロイン | 悪役 |

手足【てあし】

[英：Limb]

【意味】

手と足。体の末端部分。腕と脚を含む場合もある。

【類語】

四肢　腕　手のひら　指　脚　膝　かかと　土踏まずなど

関連語と文章表現

- すらりと長い手足
- 筋骨隆々とした腕
- 骨ばって痛々しい手首
- 細くてしなやかに伸びる指先
- ぷくぷくと肉づきのよい手
- ささくれ立った指先
- 無駄なく引き締まった腕
- だらりと力なく垂れた腕
- 薄くのっぺりした手のひら
- 力の入った握り拳
- 手の甲に浮き出る血管
- ごつごつと筋張った手
- 柔らかく触り心地のよい手
- 物々しく組まれた指
- 筋肉の盛り上がったふくらはぎ
- 日焼け跡が残る脚
- 生白く伸びた脚
- うらやましいほどの美脚
- がっしりした大根脚
- 気づけばがに股になる
- きゅっとくびれた足首
- 巻き爪に悩む
- 白くちょこんとした素足
- 棒切れのように痩せた脚
- 短く切りそろえた爪
- 寒さでかじかんだ指
- しもやけで赤くなった手
- 緊張で汗のにじむ手のひら
- 酷使して固くなった足の裏
- すらりと真っ直ぐに伸びる脚
- 運動で引き締まった脚
- 荒縄をねじったような二の腕
- 滑らかな手足の動き
- カモシカのような足
- 節榑立った指
- 肉が弛みきって皺が垂れた脚

キャラクターの特徴を強調し 状況説明にリアリティを与える

左 ページをご覧いただくと、**「手足」に関する表現はじつにたくさんある**ことがおわかりいただけると思います。

「手足」の描写は直接ストーリーに大きく影響を及ぼさないものの、キャラクターの特徴を強調したり、状況説明にリアリティを与えたりする役割を担います。さらに、間接的に登場人物の心境や肉体的状況を表す役目も持ちます。以下が一例です。

■**「手」の場合**：腕を組む（拒絶や硬化した態度を表す）／ポケットに両手を入れる（相手より上に立とうとする）／手のひらで顎をさする（熟考する）／ぎゅっと拳を握る（ある行動を決意する）

■**「足」の場合**：両膝が震える（恐怖に慄く）／足を組み替える（長時間に及ぶ会話や場面を印象づける）／足先まで痺れる（過度な物理的衝撃を受けた暗喩）／足がぱんぱんになる（歩き疲れたとき）

いかがですか？　日常の動作に神経を注ぎ、**「手足」が口ほどにモノをいうケースを探してみると文章表現が広がります。**

手足で印象的な表現をする場合あれこれ

手のひらで顎をさする

拳を握る

両膝が震える

ポージング 【ぽーじんぐ】

[英：Pausing]

【意味】

一連の動きのなかの、一瞬を切り取った姿。

【類語】

ポーズ　姿勢　行動　動作　仕草など

関連語と文章表現

- その場にしゃがみ込む
- 足を伸ばして座る
- 膝を抱える
- 頬杖をつく
- 脚を組む
- 首をかしげる
- 芝生に寝そべる
- 自転車にまたがる
- 太陽に手をかざす
- シーツにくるまる
- 海に潜る
- 口いっぱいに頬張る
- 相手に視線を投げかける
- 一歩踏み出す
- 上目遣いで目線を合わせる
- 相手の肩に手を回す
- 体育座りで待つ
- 正座して背を伸ばす

- 胡坐をかいてくつろぐ
- 仰向けに寝転がる
- うつ伏せに倒れ込む
- 四つん這いで少し移動する
- 片膝を立てて詰め寄る
- 目を閉じて物思いに耽る
- 前のめりになって話を聞く
- 慌てて後ろに仰け反る
- 飛び跳ねて喜ぶ
- 驚きのあまり直立する
- 笑みを浮かべる
- 背伸びして覗き込む
- 腹這いで進む
- 授業中にうたた寝をする
- 肩肘を張る
- 突っ伏して寝る
- 後ろ手を組む
- 両肩をすくめる

動作が含む間接的な意味合いを表現方法とする「ポージング」

　挙手一投足とは、一つひとつの動作や些細なアクションのことを指します。人のあらゆる振る舞いの瞬間、すなわち**「ポージング」には意味があり、特に物語では暗喩的に用いてシーンの情景や空気感に奥行きを持たせます。**左ページから抜粋して解説しましょう。

・**その場にしゃがみこむ**：ひどく愕然とし、あるいは力尽きてしまう
・**頬杖をつく**：時間を持て余しているか、相手の話に余程興味がない
・**首をかしげる**：話の意味が理解できず、しかも賛同できない
・**一歩踏み出す**：新境地や新たな人生に向かって、決意を行動に移す
・**上目遣いで目線を合わせる**：遠慮がちながらも同意を求める
・**目を閉じて物思いに耽る**：判断がつかずに、これからを模索する

　日本語にはこのように、動作が含む間接的な意味合い（ニュアンス）をひとつの表現方法として確立する傾向があります。上手な書き手は絶妙なタイミングで「ポージング」の暗喩を描写に織り交ぜます。ただし**頻繁に用いず、ここぞというときに使う**のが秘訣です。

自分なりにオリジナルの「ポージング」をつくるのもOK

夕食の献立を考える

気合いを入れる

ストレスを発散する

動物【どうぶつ】

［英：Animal ］

【意味】

自ら動くことができる生き物。ここでは人間は含まない。

【類語】

犬　猫　鳥　魚　亀　爬虫類　馬　羊　蝉など

関連語と文章表現

- 犬がはしゃいで駆け回る
- 媚びるように鳴く犬
- ツンとすました様子の猫
- 猫がふとすり寄ってくる
- 人慣れした猫
- どっしりと佇む牛
- マイペースに歩む亀
- 跳ねて活きのいい魚
- 軽やかに飛ぶ蝶
- 温かそうなもこもこの羊
- ひくひくと鼻を動かす兎
- 人を脅かす猪
- のそのそと歩き回るパンダ
- 猫が不意に膝のうえに乗ってくる
- 尻尾を振って喜ぶ犬
- ちょこまかと逃げ回る鼠
- 雄大に泳ぐ鯨
- ロープのようにうねる蛇
- 威厳のあるたてがみを持つライオン
- 空を自由にはばたく鳥
- 幻想的な色合いの孔雀
- 唸るように鳴く山羊
- さんざめく公園の鳩
- 遠吠えする狼
- 風のごとく駆け抜ける馬
- 切なげに嘶く馬
- 馬の美しい毛並み
- 話し合うようにさえずる小鳥たち
- まるまると肉づいた豚
- 白と黒のコントラストが効いたシマウマ
- ざらざらとした手触りの象
- 棘に覆われたハリネズミ
- 不気味につんざくように鳴くカラス

CREATOR'S FILE

ポイントは動物それぞれが担う 役目を理解すること

生き物が物語に登場して果たす役割について説明を始めると、見開きでは語り切れません。1章丸ごと必要となります。

では（誌面がなくなるので）早速、解説していきましょう。

ポイントは動物それぞれが担う役目を理解することです。

■鳥／『予感』

カラスが鳴けば不気味な事態が起こり、鶯がさえずれば春近し。

■犬／『最愛の仲間』

孤独と愛と目標を共有します。「フランダースの犬」が代表例。

■猫／『心の穴埋め』

気まぐれな猫は主人公が寂しいとき、気まぐれな癒しを与えます。

■馬／『新しい世界』

馬の疾走は人が苦境や窮地を乗り越えた象徴として描かれます。

■謎の獣／『圧倒的な負のパワー』

森の奥で獣が激しく咆哮すれば、主人公に圧倒的危機が迫ります。

ほかにも特別な意味合いを持つ動物あれこれ

亀は『知恵と長寿』

蛇は『生命の力』

羊は『平和』

仕草がもたらす内面表現

　人の動きは、口ほどにモノをいいます。

　会話シーンで、ちょっとした仕草や体の動きを登場人物の描写に織り込めば、その場の空気感を補足し、心情や内面を自然と浮き彫りにできます。さらには会話のリズムも生まれます。たとえば次のようになります。

●改稿前	「これからどうするの？」 「さて、どうしたものかな」
●改稿後	「これからどうする？」ため息混じりに彼女は訊いた。 「さて、どうしたものかな」答えながら男は肩をすくめて遠くを見やる。

　いかがですか？　会話シーンは小説において過半数を占める重要なパートです。ただ言葉のやりとりだけでえんえんと進行するのではなく、このように継ぎ目でワンアクションを加えると、言葉の裏に流れるニュアンスをほのめかすことができます。要所要所で取り入れてみましょう。

　また、直接的な感情語彙を使わずとも、さりげない仕草でより微妙な心の変化を表現できます。一例をご紹介します。

「拒否する／賛同しない」→顔を俯かせて逸らす、伏し目がちに唇を結ぶ

「喜ぶ／うれしくなる」→口角が上がる、白い歯を見せる

　間接的な身体的描写で表現するからこそ、わざとらしさのないナチュラルな心の内面を読者に伝えられます。ぜひトライしてみてください。

キャラ立ちさせるには声の表現もポイント

本章の POINT

PART.3

　ストーリーを進めるうえで欠かせないのが、登場人物のセリフです。物語の世界には現実の世界と同じように社会があり、登場人物たちは何らかのコミュニティに属しています。そこでの人との出会いや関係性の変化が、会話を通して描かれることによって、物語は広がっていきます。

　では、読み手を物語の世界に引き込むためには、会話をどのように描写すればいいのでしょうか。重要なポイントのひとつに、登場人物の「声」を書くということがあります。たとえば人と話すとき、相手のことをよく知らなくても、「どっしりと安定感のある声を持つ人」には頼もしさを感じたり、「甲高い声でペラペラと話す人」には神経質そうといった印象を抱いたりするもの。人

声の特徴

　の「声」はその人の性格と密接に結びついており、これは現実の世界でも物語の世界でも共通のことだといえます。読み手が物語の世界観に没入するためには、登場人物の声を想像できる描写が必要なのです。

　とはいえ、登場人物の声を文字で表現することは決して簡単ではありません。ここで重要なのは、登場人物の声質やさまざまな声を描写する力を身につけること。

　PART.3 では、物語の世界に読み手を引き込む「声」の作り方を詳しく解説します。

男性的な声【だんせいてきなこえ】

［英：Male voice ］

【意味】

生物学上、男性に分類される人間が発する声のこと。

【類語】

低い声　太い声　重たい声　テノール　バリトン　バス　ボーイソプラノなど

関連語と文章表現

- 先の割れた太い声
- 厚みがありよく響く声
- 幅の広いはっきりとした声色
- 含みのある豊かな声色
- 耳にスッと届く心地よい声高
- 振動数が少ない声
- たくましい声
- 低音と高音が入り混じったよく響く声
- 低くくぐもる声色
- 腹の底から湧き上がってくるような印象
- 何かを押し殺すような低い声色
- 抑揚のないトーン
- 安定感がありすごみを感じる声
- 粗野な野太い声
- 図太い声
- ドスの利いた声

- 芯のある低い声
- 鈍く重苦しい印象の声
- 影にこもる声
- 寂びを感じる声色
- 重々しい声
- ボーイソプラノの甘く優しい声色
- 水のように透き通る少年の声
- ハリのある少年の話し声
- 印象的なハスキーボイス
- 荒々しい怒声
- 雄叫びを上げる
- 独特のしゃがれ声
- 耳につくハイトーンボイス
- よく通る、味のある声色
- すっと耳に届くバリトンボイス
- 嫌味を含んだ癖のある声
- 毒気に満ちた声質
- 感情が読み取れない声色

登場人物の声質を印象づけて キャラ造形を深める【男性篇】

会話は小説において全体ボリュームの6割近くを占めるといわれています。もっともこれは一般的なエンタメやミステリーの話であって、もちろん物語のジャンルや傾向によって前後します。

とはいえ、会話のない小説は存在しません（あるいはあったとしても誰も読まないでしょう）。つまり、キャラクターの会話は物語展開の必須要素で、ほぼ毎見開きに登場します。よって**読者には登場人物各々の声質を印象づけ、キャラ造形をさらに深めつつ、物語に没入していただく必要がある**のです。

左ページから抜粋して「男性的な声」のテンプレート的キャラ分けをご紹介します。ぜひ参考にしてみてください。

- **幅の広いはっきりとした声色**
- **含みのある豊かな声色**
- **たくましい声**

これらは主人公キャラにふさわしい声です。重要なのは真っ直ぐな性格や正義感、理性、知性を感じさせる声色を選ぶことです。

- **低くくぐもる声色**
- **何かを押し殺すような低い声色**
- **抑揚のないトーン**

敵役のボスキャラにはこのような得体の知れない存在感を醸し出す声色が似合います。なるべく感情を表に出さない声にしましょう。

- **粗野な野太い声**
- **ドスの利いた声**
- **鈍く重苦しい印象の声**

敵のなかに必ずいる武闘派や殺し屋系、凶暴なキャラにはワイルドな声色です。ジャンルによっては女性的「おねえ言葉」もアリです。

女性的な声【じょせいてきなこえ】

［英：Female voice］

【意味】

生物学上、女性に分類される人間が発する声のこと。

【類語】

甲高い声　透き通った声　甘い声色　ソフトな声　ソプラノ　アルトなど

関連語と文章表現

- 滑らかでむらのない声
- 甲走った声が頭に響く
- 神経質そうな甲高い声
- ハリのある声が耳に届く
- かまびすしい会話
- 母のように優しい声の響き
- 振動数が多い声
- 耳元にささやかれる甘い声
- 鼻にかかるような甘ったるい声色
- なまめかしさを感じさせる声
- キンキンと響く声
- 滑らかな声の旋律
- 部屋にぺちゃくちゃと響く話し声
- 猫なで声で相手にすり寄る
- テープを早回ししたときのように高くせわしない声
- 媚びを含んだ声色
- 説得力ある低く落ち着いた声
- やや舌足らずな話し方
- あだっぽい調子の声
- 少女のようなあどけなさが残る声
- つやつやと濡れた声
- 小鳥が歌うような声色
- 夢心地のようなとろける声
- 肉感のあるふくよかな声のトーン
- 悲しいほど美しい響き
- 角の取れたまるい声
- ヒステリックな声
- ユニークなアニメ声
- 癖のないナチュラルボイス
- 高らかなファルセット
- 歌うようにしゃべるソプラノボイス
- ボイスチェンジャーのような女声
- しゃがれて中性的な老婆のささやき声

登場人物の声質を印象づけて キャラ造形を深める【女性篇】

性キャラクターも声質によって性格づけすることができます。前項と同様に、左ページから抜粋して「女性的な声」のテンプレート的キャラ分けをご紹介しましょう。

・滑らかでむらのない声
・母のように優しい声の響き

　女性の主人公キャラは落ち着いて安定感ある声色を選びます。

・鼻にかかるような甘ったるい声色
・なまめかしさを感じさせる声

　こちらは女性を武器にするライバル的キャラに多い声の設定です。

・部屋にぺちゃくちゃと響く話し声
・テープを早回ししたときのように高くせわしない声

　脇役のちょっと弾けた女子にはこういう極端な声が合います。

　声質を割り当てるのが苦手だと感じる人は、**邦画やドラマを観て、俳優が演じる役柄のセリフを意識して聞き取る**と参考になります。

まわりにも男女の声が溢れているので参考にしよう

声量 【せいりょう】

［英：Volume］

【意味】

発せられる声の大きさ。ボリュームのこと。

【類語】

大きな声　胴間声　叫び声　小さな声　か細い声　ささやき声など

.... 関連語と文章表現 ....

- 大声を張り上げる
- のびやかな声で話す
- 蛮声を張り上げる
- よく通る声を持った人
- 鼓膜が破れそうなほどの怒鳴り声
- 空を切り裂く雷鳴のような声
- 大声にまわりの人が振り向く
- すさまじく大きな声を出す
- 割れ鐘のような声が聞こえる
- グラスがビリビリと音を立てる
  ほどの大きな声
- 胴間声を上げる
- メガホンを通したような声
- 今にも消え入りそうな声
- 糸より細い声
- 息と同化するほど弱い声
- 辺りをはばかるような声色
- 静かな声で語りはじめる

- どこからともなくか細い声が
  聞こえる
- 口というよりヒゲで話している
- 含み声になる
- 力のない声で答える
- ひそひそ声で噂する
- ぼそぼそと口ごもる
- 小声でささやく
- 声にならない声が漏れる
- 蚊の鳴くような声
- フルボリュームの話し声
- 耳に届くか届かないかの小声
- 歌うような力強い声
- 聞き取りにくいくぐもった声
- 怒気をはらんだ大声
- 覇気みなぎる語り
- 嘲笑を含んだ声色
- 空気が漏れるような小声

しっくりくる得意な言い回しを
身につけると執筆がはかどる

声 を表現する語彙はじつにたくさんあります。**状況に応じて使い分けると、場面ごとの登場人物の心情をリアルに伝え切れます。** 小説やラノベで会話が占める割合が大きいことは前述しました。物語を書いているとかなりの頻度で必要に迫られるため、一定数の表現バリエーションを修得しておくと便利です。

まず、左ページにあるように『大声を出す』と同様の語彙には、『張り上げる』『怒鳴る』『胴間声を上げる』と、微妙にニュアンスの異なる表現が見受けられます。さらには、大きな声で騒々しくいう『がなる』、否定的なことを繰り返し怒鳴る『喚く』、吠え猛る『咆哮する』といった表現もあります。

一方、『小さな声』と同様の語彙には、『消え入りそうな声』『か細い声』『静かな声』『力のない声』と、こちらも多数あります。

すべてを覚える必要はありませんが、**自分にしっくりくる得意な言い回しを身につけておくと、俄然執筆がはかどります。**

声は日常でもじつにたくさん
バリエーションがある

感情的な声 【かんじょうてきなこえ】

［英：Emotional Voice ］

【意味】

意識のもっとも主観的な側面のこと。言葉にならない気持ちは声色やトーンに表れる。

【類語】

歓声　笑い声　明るい声　怒号　唸り声　悲鳴　不機嫌な声　泣き声など

関連語と文章表現

- ゲラゲラという笑い声
- 口元を手で隠してクスっと笑う
- 忍び笑いを漏らす
- ころころとした笑い声
- 息を転がすように小さく笑う
- ヒ、ヒ、と猿のような笑い声
- カラカラと乾いた笑い声
- フフフと隙間風のような笑いが唇から漏れる
- 弾んだ声を出す
- 朗らかで明るい声
- 浮かれた声を上げる
- 温もった声
- 津波のような歓声
- 歓声が空中をこだまする
- 興奮して喚声を上げる
- 素っ頓狂な声を出す
- うろたえたおろおろ声
- うれしい悲鳴
- 元気のない湿っぽい声
- とげとげしい声色
- 毒のある鋭い声
- ひややかな声
- ふてくされたような声
- 落ち込んだ陰気な声色
- 力のない沈んだ声
- いかめしい声
- 涙を流さんばかりの声高
- 嗚咽交じりの金切り声
- 激情をはらんだ叫び声
- 皮肉めいた言い回し
- 理屈っぽい論調
- 思わず聞き入ってしまう語り口
- 誠意が感じられない返事
- オウム返しのようないい方
- とがめるような語調

あえて逆の「感情」を含んだ声で 度を越えた「感情」を紡ぎ出せる

「感情」を表す声は、大きく分けると『楽しい／陽気／ポジティブ』な声と、『悲しい／陰気／ネガティブ』な声の2種類あります。基本的には登場人物の場面ごとの気持ちや状況に合わせて使い分ければいいのですが、**時に物語においては逆の使い方が効果的になる**ことを覚えておきましょう。

たとえば、怒髪天をつくほど激怒している男がいるとします。この男の怒り具合を、そのまま『怒り心頭の勢いで怒鳴り散らした』と書けば、確かにありのまま伝わるものの、やや深みに欠けます。これを『クヒヒと僅かな笑いすら含んだ声色で極めて平坦にいい放った』とすれば、怒り具合が読めない不気味さを文章化できます。『悲しい／陰気／ネガティブ』な「感情」の声で表現すべき一節を、あえて逆の『楽しい／陽気／ポジティブ』な「感情」を含んだ声にして描くことで、度を越えた「感情」を紡ぎ出せるのです。

難易度は高くなりますが、ぜひ活用してみてください。

泣き笑いはどちらの「感情」か、読み取るのが難しいという例

特徴的な声 【とくちょうてきなこえ】

［英：Distinctive Voice ］

【意味】

一度聞いたら記憶に残る声質のこと。

【類語】

澄んだ声　華やかな声　かすれた声　濁った声　渋い声など

関連語と文章表現

- 湧き水のように澄んだ声
- 天使のような美声
- 山の息吹きを感じるような透明感
- 高く華やかな声色
- 新鮮な声
- 冴えてややきつい声
- ビードロのような澄んだ響き
- ぴやぴやした声
- 途切れがちなかすれ声
- 豚の断末魔のようなかすれ声
- 声が滑稽なほど上ずる
- 低くひきつった声
- 声変わりのときのハスキーボイス
- 紙が破れるようなしゃがれ声
- 緊張で痙攣したひきつり声
- 羨望と嘲りの混じった不機嫌な声色
- 亀裂の入った声

- 干からびた声
- 酒で焼けたようなカスカスした声
- オウムの鳴き声のようにぎゃあぎゃあ騒ぐ
- 奥行きのある渋い声
- さびた声が耳元に残る
- しわがれた塩辛声
- 蚊の鳴くような声
- 調子外れの大声
- 年齢不詳の声色
- 巻き舌の甘ったるい声
- 説教くさい言い回しの声
- 滑舌の悪い声
- 性別不明のハイトーンボイス
- 耳につくがなり声
- カナリアのような声色
- 有無をいわせない高圧的な声
- 悲壮感に満ちた声

文字情報として視覚効果から導かれるイメージを利用する

個性を登場人物に吹き込み、さらに活き活きと動かすには、顔や服装といった外見のほか、声に「特徴」を与えましょう。

とはいえ、文字ベースの物語で声に「特徴」を出してキャラの個性を伝えるのは難しい、と思われる方も多いはず。左ページからの以下抜粋をご覧ください。

まず『**天使のような美声**』です。天使の声を聞いた人はいません。けれど、何となく可憐で素敵な声色をイメージできます。次に『**ビードロのような澄んだ響き**』。文字面からも美しい響きの声だと感覚的にわかります。最後に『**豚の断末魔のようなかすれ声**』です。いかにも聞き苦しい、不快な声であることは一目瞭然です。

さて、もうおわかりですね？　**物語に与える声の「特徴」は文字情報として視覚効果から導かれるイメージを利用すれば簡単**です。実際に聞いたことがなくても、それっぽい「特徴」を醸し出せれば、立派な文章表現として成立します。

配役と声との関係性は日本のアニメに学ぼう

口調 【くちょう】

[英：Tone]

【意味】

言葉を口に出すときの調子のこと。

【類語】

淡々とした口調　意味ありげな口調　不愛想な口調　愛嬌のある口調など

関連語と文章表現

- 淡々とした供述
- さりげなさを装った口調
- しんみりした口調で語る
- 間延びした声を漏らす
- もの寂しい言い草
- 後ろめたそうな調子
- 言い訳がましく答える
- 断固とした響きの口調
- 自信に満ちた調子
- 意味ありげに嘲笑する
- 冷やかし交じりの口調
- ねちねちと論破する
- きりっとした調子
- 乱暴なもの言い
- 挑みかかるような調子
- 無愛想に返事をする
- うわごとのような調子
- いい捨てるような口調
- 投げやりに答える
- 意地悪そうな調子
- キザなもの言いを好む
- 独り言のようにぽつりと話す
- 粘着質なしゃべり方
- 絡みつくように話す
- ふてくされた調子
- ひどく汚いものに触れるような口調
- 伝法な口調で罵る
- 朝の感じが溢れた調子
- とぼけた声を出す
- 慈悲深い口調
- 侮辱を含んだ語調
- 説得力ある論調
- たたみかけるような口調
- 呆れかえった口調
- 反論めいた口ぶり

ワンフレーズの「口調」だけで空気感や温度感が伝わる

会 話を活かすも殺すも「口調」の妙に尽きます。極端な話、会話の主体となる登場人物の表情や心情の描写がなくとも、**たったワンフレーズの「口調」表現を添えるだけで、そのやりとりの空気感や温度感が伝わる**ものです。

左ページから抜粋し、一例を示して解説しましょう。『そうなのか』という短い受け答えの一節を主人公が返すとします。

あえて前後関係の状況説明はなしとし、「口調」を添えるだけで『そうなのか』という一節の印象がいかに変わるかをご覧ください。

①『そうなのか』と、**断固とした響きの口調でいい放った。**

②『そうなのか』と、**意味ありげに嘲笑する。**

③『そうなのか』と、**投げやりに答えた。**

④『そうなのか』と、**とぼけた声を出す。**

主人公がどういう気持ちで答えたのかが伝わると同時に、言葉の持つ意味合いが変わりますね。それほど「口調」は大切なのです。

同じ言葉を話しても「口調」で相手の反応が変わってくる

ペット 【ぺっと】

［英：Pets］

【意味】

犬や猫、家畜などが生活のなかで発する音。

【類語】

犬の鳴き声　鎖のこすれる音　猫の鳴き声　喉音　馬の鳴き声　蹄の音など

関連語と文章表現

- ギャンと絶叫して飛び跳ねる犬
- 弱い犬ほどよく吠える
- 神経質そうな甲高い犬の鳴き声
- 犬の狂ったような鳴き声
- ブリキ缶を叩くような犬の声
- 親しみのこもった犬の声
- 犬の首につながれた鎖の
  ジャラジャラという音
- 猫のもの憂げな鳴き声
- 猫が恨めしげに鳴く
- 濁った音がわずかに混ざる猫の
  喉音
- だみ声で低く唸る猫
- 猫が外で間延びした鳴き声を
  上げる
- 猫のぜいぜいという喉音
- 猫の愛玩動物的嬌声
- 風のように軽やかな猫の足音

- 作り声のようなニャーニャー
  という声
- 小屋に充満する牛の恐ろしい声
- 牛のぬらぬらとした鼻息
- 地を揺るがすほどの蹄鉄の音
- カツカツと音を立てる蹄
- 地を切り裂くような馬の嘶き
- ラクダがグワっと声を漏らす
- 鳥のつんざくような鳴き声
- 寂しげに鼻を鳴らす犬
- 早朝の小鳥のさえずり
- ゴロゴロと喉を鳴らす猫
- 怒り狂う犬の叫び声
- 高らかなとんびの鳴き声
- 愛嬌あるインコのものまね
- カラスの群れの羽ばたき
- ちゅぴちゅぴと鳴くツバメ
- ガアガアと騒ぎ立てるアヒル

犬猫は存在感あるキャラとして物語に関わって人気者にもなる

生活まわりで身近な動物が立てる音は、**効果音的な役割を果たして物語に興を添えたり、妙味を加えたりします。**誌面の都合もあり、ここでは犬と猫についてお話します。

　左ページにあるように『**ギャンと絶叫して飛び跳ねる犬**』が登場すると、不審者が家のすぐ近くに現れたか、今後の不穏な展開を予感させます。『**親しみのこもった犬の声**』が聞こえてくれば、人間との親しげな関係性を彷彿させ、よく馴れたこの犬が今後主人公を助けるなど大活躍するのでは、という期待感を抱かせてくれます。

　猫の場合、犬より人間と近い距離感にあるのが特徴。『**猫の物憂げな鳴き声**』がすれば、落ち込む主人公に寄り添う優しい猫とのワンシーンが浮かびます。『**だみ声で低く唸る猫**』がいれば、ご機嫌斜めな飼い猫と主人公がじゃれ合う、ふとした日常の場面になります。

　時に犬猫は存在感あるキャラとして物語に大きく関わり、人気者にもなるので、丁寧かつ表情豊かに描いてあげましょう。

誰もが好きな動物を登場させると物語が面白くなる

音響で決めの場面を演出

　物語を演出する音響についてお話しします。

　時として書き手は映画製作をたったひとりで担うように、さまざまな役割をこなさなければなりません。実際、登場人物の服装を担当するスタイリストであり、髪型や顔の造作を考えるヘアメイクであり、光や明かりを操る照明技師であり、シーンの絵面を決める撮影監督でもあります。

　同様に、物語を執筆する際は音響も忘れずに担当しましょう。音に関してはコラム①のオノマトペでも触れました。よって、ここでは音ではなく、音響です。具体例を見ていただいたほうが早いと思います。

連続する落雷の轟きが頭の芯まで震わせる。
吹き荒れる突風が不安を増長させる。
アスファルトを叩く豪雨が私たちの会話を遮った。
水面のせせらぎがすさんだ心を和ませる。

　日常に溢れる音の存在を取り込み、音そのものの「ガラガラ」「びゅうびゅう」「ザーザー」「さらさら」という擬音語ではなく、イメージを文章化して表現する手法です。その際、登場人物が置かれている状況にリンクした音響を組み合わせれば、読者に臨場感を与えられます。多用する演出手法ではないものの、ここぞという場面で印象を強める効果があります。

　独自の音響語彙を駆使し、音のある情景を表現してみましょう。

ディテールを表現する
感触の語彙

柔らかい 膨らみ 揺れ れ い 粗 粘らか 硬 粘り 滑 揺れ 膨らみ 粗い 柔らか

本章の POINT

PART.4

　世界観に没入できる優れた作品には、とある共通点があります。それは登場人物の心情や手が何かに触れたときの感覚など、「目に見えないものの描写」が豊かな語彙で表現されていることです。登場人物は現実の世界にいる我々と同じように、何かモノを持ったときにはその質感や質量を感じているはず。

　たとえば本を1冊手に取れば、紙のザラザラした、あるいはツルツルした感触や、本の重さを腕に感じていることでしょう。あまりに当たり前なので、普段の生活で本の重さを意識する人は少ないかもしれません。しかし物語を書くうえでは、このような細やかな感触を文章で表現することがとても大切なポイントなのです。

　また感触の語彙は、心情を表すのにも適しています。

感触の表現

　たとえば主人公がショックを受けるシーンで、単に「大きな衝撃を受けた」と書くだけではその衝撃の度合いはなかなか伝わりません。そこで「鈍器で頭を思い切り殴られたような衝撃」と、「硬さ」を連想する「鈍器」という単語を使うことによって、主人公が受けたその衝撃の大きさを伝えることができるのです。

　PART.4 で紹介する感触にまつわる語彙を使って、作品のなかに世界の質感や質量を感じられる表現を取り入れましょう。

硬い【かたい】

［英：Hard］

【意味】

容易には崩れない、頑丈な状態。

【類語】

硬質　丈夫　屈強　カチカチ　ごつい　剛性　硬度 など

関連語と文章表現

- 湖がカチカチに凍る
- 凍てついた路面
- 歯ごたえのあるイカ
- 冷めて乾いたごはん
- 噛み切れないほど硬いパン
- 飴をがりがり噛んで食べる
- 硬く剥がしにくい魚の鱗
- 首が凝り固まる
- ごつごつした手
- 扉が固く閉ざされる
- 緊張で体が硬直する
- 鈍器で殴られたような衝撃
- 鉛筆の芯がポキッと折れる
- 崩れないように固めた髪
- せんべいをパリパリ食べる
- 殻を破る
- ガラスの破片が散らばる
- ごわごわしたシャツ
- きつく髪を縛る
- シャキシャキのじゃがいも
- こしのあるうどん
- 刃が通らない
- 岩と岩がぶつかって割れる
- お皿にひびが入る
- 無機質なアスファルト
- 強靭な肉体
- ほどけないように紐を縛る
- 表情がこわばる
- 唇を思い切り引き結ぶ
- 象のように分厚い皮膚
- 身が締まってハリのある魚
- コツコツと鳴り響く足音
- 数カ月放置した鏡餅
- 雪山の岩肌
- 頭蓋を砕くハンマー
- 金属バットに打ち返された硬球

CREATOR'S FILE

「硬い」は物質的なモノの強さ
「固い」は文学的な語彙と覚える

意 外と高い頻度で使われる語彙のひとつに「硬い」があります。どうしてか？　と追及されると困るのですが、**小説を書いていると『かたい』という表現にしょっちゅうぶつかります。**

　左ページを見ていただくとおわかりの通り、「硬い」は金属や岩やコンクリートといった物質的なモノの強さを表します。
『かたい』には「硬い」と並んで使用頻度の高い「固い」があります。執筆中、2つの『かたい』はかな漢字変換する際「はて、どっちだったっけ？」といつも悩みます（たぶん僕だけだと思いますが）。
「固い」は文学的な語彙だと覚えてください。物質的なモノの「硬い」ではなく、目に見えないメンタル的な「固い」だからです。

　たとえば、意志が「固い」、結束が「固い」、決心が「固い」などが挙げられます。頭ではわかってはいても、かな漢字変換のときにいつも迷います。一方、「堅い」もあります。こちらは確実だとか手堅いという意味だと覚えましょう。なぜかこちらはあまり使いません。

ミステリーのサブジャンル
「ハードボイルド」は固い

卵が固くゆでられた状態を、感情や感傷に流されない強靭な人間性にたとえて「ハードボイルド」というジャンルが出来上がったという

PART.4 ディテールを表現する感触の語彙

柔らかい【やわらかい】

［英：Soft］

【意味】

ふっくらとして馴染みやすい状態。

【類語】

軟質　弾力　やわい　ふにゃふにゃ　マイルドなど

関連語と文章表現

- ふかふかの布団で寝る
- 伸びのいい餅
- ふわふわした綿あめ
- ふっくらとした肌
- 膝がぐにゃりと曲がる
- 溶けてきたアイスクリーム
- ふんわりした洗い立てのタオル
- やわい肌に触れる
- もちもちしたほっぺた
- ほくほくのじゃが芋
- ぐにゃぐにゃ曲がるスプーン
- 抱き心地のいい猫
- 椅子に沈み込む
- クッションにもたれる
- 綿毛が風に舞う
- 物腰が柔らか
- うららかな一日
- 脱力した状態の体

- ふさふさした芝生に寝転がる
- 優しく穏やかな態度で接する
- 滑らかな口どけ
- とろけるような視線を向ける
- 変幻自在な粘土
- ぐにゃぐにゃしたボール
- もこもこの羊
- ほっこりする味
- なよやかな線を描く
- ほんわかした性格
- 繭に包まれたような気分
- 踏みしめた地面は雨を含んで柔らかい
- 柔らかな生命力に満ちた花
- 春の陽ざし
- 降り積もったばかりの新雪
- 海からそよぐ南風
- 彼女の唇

ニュアンスを感覚的に印象づける作用の「柔らかい」

前　項の「硬い」と異なり、「柔らかい」は物質的にしなやかであるという意味に加え、精神的あるいは目に見えないものへの穏やかさや柔和さを表す意味を併せ持ちます。

　よって**「柔らかい」という形容詞がカバーする対象はとても幅広く多岐に渡ります。** そしてここからは私的な見解でもありますが、物質的な「柔らかい」は得てして『当たり前』的な場合が多いため、多用すべきではないと考えます。たとえば「柔らかい」布団、「柔らかい」毛髪、「柔らかい」豆腐などです。たしかに硬い布団や毛髪や豆腐もあるかもしれません。が、その硬さにも限界があり、相対的には元来「柔らかい」ものに属する傾向にあるのです。

　一方、精神的あるいは目に見えないものに対する「柔らかい」は、そのニュアンスを感覚的に印象づける作用があります。「柔らかい」笑顔、「柔らかい」気持ち、「柔らかい」まなざし、など、**文章に独特の優しさを添える効果があり、案外重宝する語彙に変身します。**

物質的に「柔らかい」ものは世の中に溢れている

粘り 【ねばり】

［英：Stickiness］

【意味】

緩くてひっつきやすい状態。または、諦めが悪いこと。

【類語】

粘性　粘着力　べとつき　粘り強い　執念深いなど

関連語と文章表現

- 汗でべたつく肌
- 泥が足にまとわりつく
- ねっとりとした舌触り
- ぬかるんだ地面
- 粘っこい糸を引くとろろ
- 絵具をべっとり塗る
- はちみつをとろりとかける
- ぬめぬめと光る魚
- 温泉の湯にとろみがある
- 手についた油はねとねとしている
- じめじめとした暑さが張りつく
- 床にねっとりと広がっていく液体
- 粘着力が弱まってきたテープ
- 粘り気が出るまで生地を混ぜる
- 舌に絡みつく味わい
- じっとりと湿った空気
- ねばりつく血を洗う
- どろりと流れる川

- カタツムリがぬるぬるした体を這わせる
- ねちっこいあと味
- ぺたぺたと友人に触る
- べとつく髪を洗おうとする
- 水あめが糸を引く
- ねちゃっとしたお粥
- タコがぬるっと滑って捕まえられない
- くっついて取れない
- 海水を含んでべちょっとした水着
- 油でねとっとして年季の入った鍋
- ぬらりと生える海藻
- どろっと溶けるチョコレート
- 濃厚なコーンスープ
- まったりと口に残る抹茶
- 執念深いシリアルキラー
- 軟体動物の体液

人為に対する評価の「粘り」は妙味がある褒め言葉に

微 妙な意味合いを持つのが「粘り」という語彙ならではの特徴。左ページを読んでいても、べたべたぬめぬめどろっとした微妙な感触が胸の内に渦巻いてくるようです。

ところが、**人為に対する評価で用いられる「粘り」は、なかなかどうして妙味がある褒め言葉**になります。

たとえばスポーツの場合、『「粘り」強い投球で連敗をストップさせました』というように、派手さはないものの、地に足のついた力強さを思わせます。ビジネスの場合、『最後の最後は「粘り」が功を奏して商談を勝ち取った』というように、努力と執着が合体した押しの強さを頼もしく感じさせます。

行為だけでなく人自体への評価でも「粘り」はいい意味で使われます。『あいつは「粘り」のある性分だから諦めないよ』と、べたべたぬめぬめどろっとした微妙な感触がプラス方向に評価されます。

話は変わりますが、物語創作も最後は「粘り」の勝負になります。

「粘り」のある食べ物も免疫強化に役立つと高評価されている

納豆

ワカメ

おくら

粗い【あらい】

［英：Rough］

【意味】

目や粒が大きく、ざらざらしていること。

【類語】

粗大　粗目　大まか　大雑把　ぞんざいなど

関連語と文章表現

- 砂のような感触
- 潮風を浴びてざらつく肌
- でこぼこの山道を登る
- ざらざらした猫の舌
- しゃりっとしたかき氷
- 乾燥でぱさつく髪
- がさがさに荒れた指先
- 筋っぽい鶏肉を調理する
- ごわごわになったタオル
- ざくざくとしたクッキー
- 野菜がごろごろ入ったカレー
- ごつごつとした岩肌
- ケーキのスポンジがぼそぼそしている
- もそっとしたパンを食べる
- ざっくりと開いた傷口
- むらのある塗装
- 粗削りな木材
- すかすかで中身のない果物
- 乱雑に散らかった部屋
- 粒々とした雨が降る
- ばらばらと落ちてくる雨滴
- ざらめのような大粒の雪
- 粉っぽく青白い顔
- じゃりじゃりした浜辺を歩く
- ギシギシと軋む階段を上がる
- 無造作にまとめた髪
- 外見をごてごてと飾り立てる
- ざっくりと編み込まれたセーター
- がらがらとしたかすれた声
- ほろほろに崩れた豆腐
- ころころとした砂利道を歩く
- 水分を失った果実
- 乾季の砂地
- 初めての手編みセーター
- 脂気のない肌

決して褒め言葉ではなく 大まかで大雑把な状態を指す

君は粗削りな人だね、といわれて、「え？　マジうれしいっス」と手放しで喜ぶ人はいないでしょう。「粗い」はそういう語彙だと捉えてください。

意味にあるように、**『目や粒が大きく、ざらざらしていること』を表し、洗練されてない、大まかで大雑把な状態を指します。**

僕のような物書きにとって、編集者から『相変わらず「粗い」原稿だなぁ』といわれれば、それは「この仕事そろそろやめたほうがいいよ」という三行半的暗喩が含まれる危険信号です。

一方、たまに混同されるのが「ダイヤモンドの原石」。こちらは磨けば光る、という意味の褒め言葉で、粗削りとは出所がまったく違うため勘違いしないよう注意しましょう。

ちなみに「荒い」という語彙もありますが、こちらは人やモノの〝動き〟について用い、**「粗い」は人やモノの〝状態〟に使うと覚えておく**と便利です。

ちゃんと語彙の意味を理解していないと

えらい目に遭う一例

滑らか【なめらか】

［英：Smooth］

【意味】

つっかえることなく、滑るような状態。

【類語】

なだらか　平ら　潤滑　スムーズ　円滑　艶やかなど

関連語と文章表現

- 赤ちゃんのようにすべすべの肌
- つるつると映りのよい水晶
- さらさらの髪を撫でる
- 艶やかに磨かれた爪
- ロープを使ってするすると下降する
- つやつやと実ったりんご
- すらすらと雪の上を滑る
- 玉のように美しい
- なだらかな丘を登る
- 引っかかりのないパジャマ
- 絹のように滑る黒髪
- 和三盆糖が舌の上で滑らかに溶ける
- つるっとした喉ごし
- 滑らかな口当たり
- 蛇がぬるりと地面を這う
- よどみない湖を覗く

- 皺のない仕上がりのシャツ
- 人の群れが滞りなく進行する
- 光沢のある石を磨く
- つるりとした坊主頭をなぞる
- するすると紐がほどける
- のっぺりと凹凸のない顔
- すらりと長い指
- すいすいと遠くへ泳ぐ
- すらすらと言葉が出てくる
- 平坦な道のりを行く
- しっとりと水気を含んだ肌
- 保湿剤を肌に滑らせる
- ぷるぷると輝く唇
- 滑らかな書き心地
- 車がスムーズに停車する
- きめ細やかなつくり
- 厳冬の湖面
- おしゃべりな人の嘘

事態が滞りなくスムーズに 進行する「滑らか」は要注意

 凹も抵抗もない、滑るようなつるつるの状態を表す「滑らか」は、物質的にも精神的にも順調であることをほのめかします。左ページの関連語と文章表現を読んでもおわかりいただけるでしょう。対義語が前出の「粗い」であることからも、**「滑らか」はポジティブな語彙として理解**して間違いありません。

例文を挙げるなら、次の通りです。

『**誘拐犯との折衝は「滑らか」に進み、光が見えてきた**』

『**彼女の「滑らか」な口ぶりに誰もが満足げな表情だった**』

事態が滞りなくスムーズに進行している場合に使います。ですが、書き手の立場で注意したいのは、読者にとって「滑らか」な状態は楽しくないということ。波乱もトラブルもなければ、手に汗握るドラマ性が期待できないからです。上記例文が物語っていますね。

よって**「滑らか」に進むのは物語の一部に限定し、そこから滑り落ちるジェットコースター的展開を用意しておく必要があります。**

「滑らか」からのアクシデントが物語の鉄板

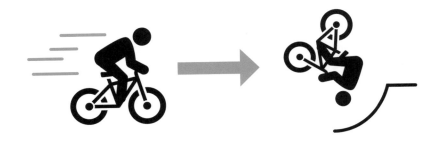

揺れ 【ゆれ】

［英：Shakiness］

【意味】

一定の間隔で上下または左右に動くこと。不安定な状態。

【類語】

振動　震え　動揺　震撼　乱れなど

関連語と文章表現

- ぐらぐらする橋を渡る
- ゆらゆらと揺らめく炎
- おぼつかない足取り
- 瞼がぴくぴくと震える
- 物音が一定のリズムで聞こえてくる
- 振り子のように腕を振って歩く
- 海にたゆたう一隻の船
- ぶらりと脚を揺らす
- ぶんぶん尻尾を動かす犬
- 酔っぱらってふらふら
- 恐怖のあまりがくがくと震える
- 鯉が波間を浮き沈みしている
- ぷかぷかと波に揺られる
- あまりの爆音に空気が震える
- 取れかかって宙ぶらりんのボタン
- わなわなと震える声
- 揺りかごのように心地よい感覚
- よろめいて壁にもたれかかる
- 二人の間で揺れ動く気持ち
- 木の葉がさわさわと揺れる音がする
- 静かに煙草をくゆらせる
- 緊張で手が痙攣する
- あのときのことを思い出して
  思わず身震いする
- そよそよと風に揺れる風鈴
- ガタンゴトン揺れる列車
- 貧乏ゆすりする癖
- 髪を揺らしながら走る
- ゆらゆらとうたた寝する
- 揺れてきらきらと光る水面
- 動揺で黒目が揺れる
- 揺れる影を眺める
- うるうると涙に揺れる瞳
- 優柔不断な人の気持ち
- 古いトラックのアイドリング
- 浮気性の恋心

物語の流れを転じるスイッチで 起承転結における必須要素

不安定な「揺れ」は文字通り、物語を揺さぶる効果を発揮します。用途はじつにさまざまですが、メンタルに関連した「揺れ」は、それまで**安定して進んでいたストーリー展開を思わぬ方向へと狂わせる仕掛けとして機能**します。

たとえば『決心が「揺れ」てしまう』という一文だけで、それまで既定路線だった登場人物の行動や心情が大きく変わっていく予感があります。『「揺れ」る想いに胸が苦しくなって』という一文を読めば、主人公の恋する気持ちの辛さや難しさが伝わってきます。

このように「揺れ」には物語の流れを転じるスイッチのような働きがあり、起承転結における必須要素となります。キャラクターの心が「揺れ」ない物語は面白くありません。

話は変わりますが、少し前に『ゆれる』という邦画の名作があり、これもまさに人心の「揺れ」を表現したドラマ性の高い名作です。素晴らしいのでぜひご覧になってください。

「揺れ」は登場人物をこんな状態に追い込むから面白い

膨らみ【ふくらみ】

［英：Bulge］

【意味】

丸みを帯びて大きく広がる状態。

【類語】

隆起　出っ張り　盛り上がりなど

関連語と文章表現

- ぷりぷりと頬を膨らませる
- ぷくぷくとした手のひら
- ふっくら焼き上がったパン
- まんまるい顔の赤ちゃん
- 期待に鼻の穴が膨らむ
- もっちりした噛み応え
- 桜のつぼみが膨らみ始める
- ふんわり膨れた風船
- はじけそうなお腹
- はちきれんばかりに詰められた荷物
- ぽってりとした唇
- 虫に刺されて腫れた皮膚
- 泣いて腫れぼったい目
- ぱんぱんに膨らんだバッグ
- 筍が生える地表
- 歩き回ってむくんだ脚
- 着ぶくれしやすい体型
- どんどん不安が肥大していく
- 新しい環境に胸を膨らませる
- 行き場なく膨張し続ける想い
- 水に濡れて膨らんだ種
- ぷくっとした弾力の抱き枕
- ぶくぶくと太っていく体
- 張り裂けそうなほどの切なさ
- はち切れんばかりの笑顔
- 日ごとに増していく水かさ
- ぷくっと膨れ上がった餅
- 頭にできたたんこぶ
- 頬が膨れるほど口いっぱいに食物を頬張る
- 風船のように膨れたハリセンボン
- 風でスカートが膨らむ
- いつの間にか盛り上がった書類の山
- 空気を注入していく
- 新録の季節

多用する語彙ではないものの 成長の雰囲気を伝える表現

 望の予感をかすかに感じさせてくれる「膨らみ」は、**派手さこそありませんがポジティブな意味合いを持つ語彙**です。

　その状態を詳しく説明するなら、何かが内側からの静かな力によって徐々に押し出されるように丸みを持って成長する感じです。まさに春のようなイメージですね。

　実際、『新芽が膨らむ』とか『つぼみが膨らむ』というように、春の訪れを感じさせる、植物の新緑や開花に関連した使い方が見受けられます。

　一方で、思いや望みがどんどん広がって大きくなる、という意味もあります。たとえば、『これからの夢が膨らんでくる』とか『将来的な計画が次々と膨らむ』というふうに、実現に向けた構想が育まれていく様を表します。

　多用する語彙ではないものの、**成長の雰囲気をうまく伝える表現として使えば、物語自体にも「膨らみ」が出てきます。**

春にはさまざまな「膨らみ」が見受けられる

《ニオイ》考察と語彙力強化方法

　周知ではありますが、人が外界との接点で捉える五感には、視、聴、嗅、味、触があります。物語において、五感でもっともおろそかにされがちな感覚は嗅覚ではないでしょうか。とりわけ昨今は、料理がテーマの『おいしい小説』ブームで味覚語彙ばかりがフィーチャーされ、嗅覚は忘れ去られた感が強くなっています。仮に触れられても、食べ物を前にした主人公が、その一皿の《ニオイ》の印象をさらりと述べる程度です。

　そもそも《ニオイ》は表記の扱いが難しい語彙といえます。嗅覚で感じるいい《ニオイ》は〝匂い〟と書かれ、逆に不快な《ニオイ》は〝臭い〟です。判断が難しい場合は、平仮名で〝におい〟と扱うのが通例です。

　とはいえ、《ニオイ》は物語において無視できないインパクトを与えます。

　たとえば、ミステリー小説で死体が登場する序盤シーン。密室に放置された腐乱死体が放つ強烈な異臭は、ある種の定石的なお約束でありつつ、今後のミステリアスな展開を予兆させます。

　登場人物の個性を印象づける際も《ニオイ》は一役買います。女性であれば独特な〝匂い〟を纏っていたり、謎で怪しい人物なら奇妙な〝臭い〟を放っていたりと、キャラの布石として効果的な役割を果たします。

　〝匂い〟と〝臭い〟どちらでも、語彙力を強化するには、日常で鼻のアンテナを張り巡らせ、訓練を欠かさないことです。私たちのまわりは多種多様な《ニオイ》に満ち溢れています。興味深いそれらを嗅ぎ分けた瞬間、どのように文章化すべきか、頭のなかでつねにイメージするよう心掛けましょう。

PART. 5

情景を押し広げる 表現方法

本章の POINT

PART.5

　天気や季節、気温、景色などの情景描写は、物語の世界観を作り上げるために欠かせません。太陽がジリジリと照りつけていたり、あるいは土砂降りの雨が降り続いていたり……と、天候ひとつで物語の印象は大きく変わります。

　たとえば「突然、鳥がバサバサと音を立てて飛び立った」という一文は、「これから何かよくないことが起きるのではないか」という不穏な空気を感じさせます。

　このように、「不安」や「予感」といった直接的な表現をせずに、物語に緊張感を与えることができます。情景描写とは単に出来事が起こっている場所の説明である以上に、読み手を物語の世界に引き込む役割があるのです。

　さらに情景描写は、登場人物の心情を映し出す鏡と

情景描写

しても頻繁に使われます。晴れ晴れとした気持ちなら、「カーテンが風でそよぐ」といった描写、反対にどんよりしている気持ちなら「空に雲が厚くかかっている」という描写をするのが一般的です。このように「うれしい」「悲しい」といった平坦な語彙を使わずに、心情を描写することができるため、表現の選択肢を大きく広げることができます。

　おまけに、読み手をハッとさせるような情景描写を書きたいのであれば、表現方法をたくさん身につけなければなりません。そこでPART.5では、読者を上手に引き込む情景描写に役立つ語彙を紹介していきます。

明るい 【あかるい】

［英：Bright］

【意味】

光が辺りに十分に差していること。またその光が水面や月などに反射して光る現象。

【類語】

光　明かり　月光　イルミネーション　光彩　日差し　星　炎　街灯　稲光など

関連語と文章表現

- 透き通るような明るさ
- 目が痛むほどに明るい
- 白い肌が光りながらぽうっと浮かび上がる
- ろうそくの火がゆらめく
- 光のかけらが星のよう
- 蛍火の震えるような発光
- キラキラと揺れる水面
- 灰色の雲が薄く光る
- 夜露の冷たい光
- 白々しい朝
- カーテンの隙間から差し込むふわりと甘い光
- ギラリと鋭い光
- 瞬間的にひらめく閃光
- 窓際の白い微光
- もろい陽が差す
- カンカン照りの真夏日

- 新鮮な太陽の光
- 直射日光に照らされる
- 木漏れ日を浴びる
- 真珠のような月光
- 冷たい月明かり
- 月明かりを頼りにする
- おぼろな光
- 夜空に稲妻が走る
- イルミネーションが宝石のようにきらめく
- サーチライトに照らされる
- ネオンが光る街並み
- 雨上がりのほの明るい光
- 薄明るい夕暮れの空
- 雲の切れ目
- 外灯の下
- 灯台に照らされる海面
- ヘッドライトの先

「明るい」象徴を文中に取り込み時間を表すのは便利な手法

時間の経過を意識した物語展開は、基本中の基本です。このポイントをしっかり頭に入れて執筆するよう心掛けてください。なぜなら物語世界は現実と同様に時系列で進むからです。過去のエピソードやサイドストーリーが入ろうとも、この原則は不変です。

そういう意味では**「明るい」象徴を文中に取り込んで時間を表すのは便利な手法**なので、ぜひ覚えておきましょう。

たとえば朝なら「明るい」日の出、昼なら頭上から燦燦と照らす「明るい」日差し、夜には煌々と輝く「明るい」月や星というように。深夜なら外灯やネオンサインも「明るい」素材として使えます。

大切なのは語彙が持つさまざまな意味に対し、視点を変えて捉えること。陽気な性格や前途洋々な未来を「明るい」で形容するのはありきたりです。たとえば『経理に明るい』というように、**別の意味としての用途を深掘りして考える癖をつける**と、知らず知らずのうちに語彙力が広がります。

「明るい」モノは世の中にたくさん見受けられる

眩しい【まぶしい】

［英：Dazzling］

【意味】

目を開けていられないほど明るい状態。また直視するのをためらうほど美しい様子。

【類語】

輝かしい　まばゆい　きらめく　キラキラ　さん然　目がくらむなど

関連語と文章表現

- こめかみが痛むほどの眩しさ
- 夜空に星がきらめく
- まばゆい灯台の光
- 日の光が目を射る
- 白い花のように視界に飛び散る閃光
- 目の前で白い爆発が起こったような眩しさ
- まばゆい日の出を望む
- 太陽が照る
- 光がちかちかと輝く
- まばゆい光を受けてまぶたの裏にきらめく星が飛ぶ
- 突然の閃光に目がくらむ
- 瓦屋根の鈍い照り返し
- 燦爛たる光
- ほがらかな照り返し
- ガラスで跳ね返った光

- 乱反射している水面
- 暴力的な光線
- フラッシュで視界が真っ白になる
- マグネシウムを焚いたような閃光
- 光を湛える
- かっと目がくらむ光
- 輝いているアイドル
- 底光りした黒木
- 黒光りしたつややかな髪
- 艶やかで血色のいい肌
- 舞台の幕開け
- 夜明けの一瞬
- 夜闇に放たれる閃光手榴弾
- 深夜に灯すマッチ
- マジックアワー
- 日没の最後の瞬間
- 夜空に浮かぶスーパームーン
- 流星のきらめき

CREATOR'S FILE

肉眼への刺激的影響だけでなく 精神的に目がくらむ意味合いも

思わず目を細めてしまうほど「眩しい」ものがあります。徹夜明けの太陽、真っ暗闇でのスマホのLEDライト、夜道を走行中の対向車のハイビーム点灯も「眩しい」ですね。左ページでは主に物理的「眩しさ」に紐づく関連語と文章表現をまとめてみました。

が、「眩しい」には膨大な光量による肉眼への刺激的影響だけでなく、精神的に目がくらむ意味合いもあります。たとえば洞窟に眠る財宝。間近で見る者は目がくらむほどの眩しさに棒立ちとなるはずです。憧れのハリウッドスターを眼前にすれば、眩しさにくらくらするでしょう。物語ではそういった「眩しい」存在に対し、我を忘れた予想外の行動に出ることで、トラブルに巻き込まれたり事件を引き起こしたりします。たとえば大金がそうです。つまり**「眩しい」存在は、登場人物の心を刺激して狂わす行動原理の源**となります。

読者が唸ってしまう「眩しい」何かを発想することが、思わず目を細めてしまうほど面白い物語の創作につながります。

眩しさに目がくらんだ瞬間、予想外の物語が始まる

暗い【くらい】

［英：Dark ］

【意味】

光が弱くてよく見えないこと。性格や雰囲気が晴れ晴れしない様子。

【類語】

真っ暗　暗闇　ほの暗い　陰影　影　隈　影法師　シルエットなど

関連語と文章表現

- 真っ暗な部屋
- 暗闇のなかを進む
- 暗がりに潜む
- 闇に紛れる
- 薄暗闇のなかで本を読む
- 薄暗い林
- 夜の底へと沈む
- 怖くなるほど完璧な暗闇
- 夜の色が残っている空
- うるしのような深い闇
- 宵闇に紛れる
- 迫りくる夕闇
- ほの暗い早朝のロビー
- 逆光に沈むシルエット
- すれ違う人の顔が見えない
- 日が翳る
- 建物の間の薄暗い裏路地
- 深い海の底にいるよう
- 物陰から飛び出す
- 濃密な暗闇
- 影がべっとりと張りついた部屋
- 暗澹たる樹海
- 影法師が揺れる
- 部屋のなかを隈なく探す
- 投げだされた影
- 真っ黒な虚無
- 白いソファだけが浮かび上がった室内
- 非常灯の閃光だけの空間
- ろうそくに拡大された影
- 夜の結晶
- 窓のない密室
- ひどく元気がなくて落ちこんでいる様子
- 停電の夜
- 継ぎ目のない雲に覆われた空

「暗い」部分が中途半端なら
明るい部分の効果が薄れる

陰 影が濃ければ濃いほど、光が当たる場所はより輝いて見えます。「暗い」夜が明けるからこそ、地平線から太陽が昇る瞬間を美しいと感じられるのと同じ原理です。

物語も同様で、**陰影が濃い「暗い」シーンや情景をストーリーに織り込むことで、エンディングへと向かう明るい場面が際立ちます。**

また、読者が感じる読後のカタルシスは、「暗い」混沌とした謎や事件やパニックからの解放にあります。最初から「明るい」シーンの連続だと、通読する過程での胸のざわめきも、読後の爽快感も満足感も得られません。そのため書き手は作品における明暗をきちっと頭で理解したうえで起承転結を書き進めるべきです。「暗い」部分が中途半端なら、明るい部分の効果が薄れて終わります。

さらに重要なのは、**明暗がつねに表裏一体で、両面を貫くテーマとメッセージがなければ、物語は成立しない**ということ。

それらを踏まえたプロットづくりが、作品の明暗を分け隔てます。

明暗の対比が明らかな物語が面白い

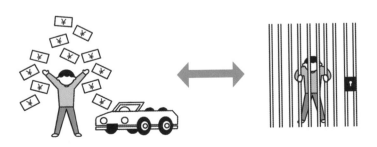

暑い【あつい】

[英：Hot]

【意味】

不快に感じるほど気温が高いこと。

【類語】

熱気　灼熱　熱波　炎天下　火照り　ぬるい　温もり　微温 など

関連語と文章表現

- すべてを溶かすほどの熟れた熱気
- じりじりと焼けるような暑さ
- 灼熱の真っ赤な太陽
- 完熟した熱気
- 太陽はかっと照りつける
- むんむんとした室内
- しびれるような暑さ
- ねっとりまとわりつく暑さ
- セミの鳴き声が響く空
- こめかみが焼けるよう
- 蒸し暑い沈黙
- 焼けるような熱気
- 目玉焼きが焼けそうなほどの灼熱
- 溶けた水銀のような太陽
- 煮えたぎる暑さ
- 山を揺らすかげろう
- 足裏に熱く吸いつく砂
- 暑さでジーンと音がする

- 素肌を刺すとげのような熱射
- 汗が背中をつたう
- 焚火のパチパチ弾ける音
- 生ぬるい風が吹く
- 体が熱く火照る
- 人肌のぬくもり
- 暖かな日差し
- 生暖かい空気
- ぽかぽかとした陽気
- うらうらする柔らかな日差し
- 真昼の砂漠
- 猛暑日のマラソン
- 雲ひとつない真夏日
- 無風の炎天下
- 閉め切った部屋
- 真昼間のアスファルトの上
- 水のないプールサイド
- エアコンが壊れた車内

高温レベルや湿度に触れるか
どう「暑い」のかを具体的に

高温時に感じる「暑い」には、さまざまなニュアンスが包括されます。一概に「暑い」と文章化しても受け手によって個々の肌感覚が微妙に異なるため、なかなか正確に伝わりません。

温度や湿度の体感ニュアンスを細かく描き分けて、どう「暑い」のかを具体的に表現するよう心がけましょう。そうすれば「暑い」なかでの温度レベルを如実に伝えられます。左ページからピックアップした以下の5つの文を見れば、おわかりいただけると思います。

① **むんむんとした室内**
② **ねっとりまとわりつく暑さ**
③ **じりじりと焼けるような暑さ**
④ **しびれるような暑さ**
⑤ **煮えたぎる暑さ**

①から順に暑さが増し、⑤がマックスで「暑い」状態に並べ替えました。これが「暑い」を文章化する際の一例となります。

どちらも「暑い」状態だと理解しよう

寒い 【さむい】

[英：Cold]

【意味】

温度が低く不快に感じること。

【類語】

凍える　凍てつく　冷たい　寒気　寒々しい　肌寒い　ひんやりなど

関連語と文章表現

- 凍てつく空気
- 鋭い寒さが皮膚を刺す
- 手がかじかむ
- 手足の感覚を奪う寒さ
- ぞくぞくする寒波が流れこむ
- 目や鼻の奥がじんじんと痛む
- こめかみが押さえつけられる
  ような感じ
- ぶるぶる震える寒さ
- 凄みを感じる厳冬
- 金属のような冷たい寒さ
- 木枯らしが吹きつける
- ナイフのように鋭い寒さ
- 冷たい冬のとげ
- 風さえも凍りつく寒さ
- 寒気凛冽な日
- 寒さが体の芯まで染み入ってくる
- 足がスースーする寒さ

- 身の引き締まる厳冬
- 身を切る寒さ
- 寒さを通り越して痛い
- しんしんと冷える夜
- 寒く沈み切った空気
- うすら寒い風
- ひんやりとした風が頬をかすめる
- 涼しい風がさらう
- 肌にさらりと馴染む風
- 冷たく澄んだ秋の空
- 南極の白夜
- 氷山が浮かぶ海
- 寒中水泳
- 日照のない冬日
- 季節外れの水風呂
- 濡れた衣類をまとった体
- 仕事も貯金もない懐状態
- 家族も友達もいない暮らし

金欠状態でお金がない状態は『懐が寒い』という

「暑い」と違って、「寒い」には温度以外の寒さを伝える意味がたくさんあるので、バリエーションを修得しておくと便利です。

まず、低温ではなく恐怖や戦慄による精神的圧迫で震え上がるときに使う、『背筋が寒い』という表現があります。

ドン引きしてしまうほど面白くない冗談は『寒い冗談』といって揶揄されます。

また、金欠状態でお金がない状態を表す『懐が寒い』という常套句があります。逆にお金をたくさん持っていれば『懐が暖かい』といいます。

さらに、虚無感や寂寥感で胸がいっぱいになった際には『あまりに冷たい仕打ちで心が寒くなる』などと表現します。

まったく内容が伴ってない貧弱なものに対しては『じつにお寒い○○だ』という言い草が使われます。

「寒い」は奥が深い語彙ですので、よく覚えておきましょう。

どちらも「寒い」で表現できる

雨 【あめ】

[英：Rainy]

【意味】

空に厚い雲がかかって雫が落ちてくること。一般的に、すっきりしない心情を表す描写にも用いられる。

【類語】

大雨　土砂降り　小雨　霧雨　雷雨　雨音　雨雲　雫　水滴など

関連語と文章表現

- 銀のような大粒の雨
- バケツをひっくり返したような大雨
- 声をかき消すほどの豪雨
- 横殴りの雨が降る
- 大粒の雨がバタバタ降る
- 狂気じみた大雨
- ゆらめくカーテンのような雨
- ダイヤモンドに見える雨の粒
- 滝のように滴る雫
- ポタポタと滴る水滴
- 白い糸を引いて滴る雫
- 頬を美しく濡らす雨
- 雨だれが泣いているよう
- 今にも涙がこぼれそうな空模様
- 傘に弾ける優しい雨音
- 雨粒がパラパラと音を立てる
- 地面に叩きつける雨音
- 泳ぐように雨のなかを進む
- 空気が雨をはらむ
- 空が黒い雲に覆われる
- ミストサウナにいるようなじっとりとした雨
- 煙のように漂う雨
- じっとり体を濡らす霧雨
- 音もなく落ちる霧雨
- 誰かが小声で話しているような雨音
- 集中豪雨
- 雨後の筍
- 雨降って地固まる
- 晴耕雨読
- 朝虹は雨、夕虹は晴れ
- 恵みの雨
- 雨垂れ石をうがつ
- 雨が降ろうと、槍が降ろうと

多くの書き手が「雨」に対して
ブルーな印象を抱いている証拠

空がもし生きていて、感情を宿しているとしたら、「雨」は紛れもなく涙を落として泣いている状態といえます。

実際、物語に登場する「雨」のシーンは哀しい趣に傾く場合が多いです。多くの書き手が「雨」に対してブルーな印象を抱いている証拠といえるでしょう。

というわけで定石ではありますが、物語が哀しい展開に差しかかるとき、とりあえず「雨」を降らせれば雰囲気がまとまります。いい加減なことを書いているな、と批判されるかもしれませんが、執筆中の方は騙されたと思ってトライしてみてください。

ただし霧雨から豪雨まで、「雨」の降り方にもいろいろあります。**表現したい雰囲気にフィットする最適な「雨」を選びましょう。**じつはこの情景描写の頃合いに意外と技巧が求められます。

一方、豪雨から急転し一気に空が晴れ上がって太陽が出てくると、雨降って地固まる的な好転を迎え、劇的な結末で落ち着きます。

「雨」のとき、傘を持っているかどうかで
また状況が変わってくる

雪【ゆき】

［英：Snowy］

【意味】

大気中の水蒸気が結晶となって地上に落ちてくるもの。

【類語】

粉雪　白雪　細雪　花びら雪　積雪　豪雪　残雪　雪崩　みぞれ　雹など

関連語と文章表現

- しんしんと粉雪が降る
- ほとほとと降る大粒の雪
- 桜のような花びら雪
- 細雪のさらさらとした音
- 屋根からどさっと雪が落ちてくる
- 目が痛む白銀の世界
- 積み重なった白い壁
- 冷たく燃える雪の輝き
- 夢を思わせるぼうっとした
  雪明かり
- 夜空をぼんやり照らす雪の粒
- 白雪のおぼろげな光
- 雪化粧をまとった木々
- さっさと降りしきる雪
- 雪の結晶が服に落ちる
- 肌に触れた雪がすうっと溶ける
- すさまじい地響きを伴う雪崩
- 謀反のような雪崩の勢い

- 白い渦を巻いた吹雪
- ガラスのかけらのように肌を
  突き刺す雪
- みぞれで道がとろとろに溶ける
- 鋭い銃声のようなみぞれの音
- 白い雹の粒が地面を跳びはねる
- ガラスの塊のような雹
- 雪と墨
- 雪は豊年の瑞
- 雪を欺くような白肌
- 柳の枝に雪折れはなし
- 音なく降り積もる雪
- 冬の雪売り
- 雨露霜雪
- 美しい冠雪
- 水気を含んだベタ雪
- 北の国の万年雪
- 淡い雪化粧

「雪」を出す必然性と、情景を際立たせる描写力の双方が必要

　気中の水蒸気でつくられた氷の結晶が空から落ちてくるだけなのに「雪」は劇的な効果を期待させます。

　深く「雪」が降り積もった一面の銀世界が物語の舞台となれば、ドラマティックな展開を予感させます。

　真冬の夜、誰もいない公園をカップルが歩いていて、空から「雪」が降ってくると、何か起きそうな気配が濃厚になります。

「雪」は季節が限定された非日常の気象現象という趣が強いため、物語でも特別扱いされがちです。そして「雪」が絡むと、前述のように劇的な効果を生みやすくなる反面、その設定や演出は緻密に計算する必要があります。「雪」頼みのシチュエーションで登場人物を動かしても、説得力に欠けては結局のところ逆効果になります。

　さらに**「雪」を出す必然性と、「雪」がある情景を際立たせる描写力の双方が備わっていなければ、劇的な効果は期待できません。**安易な「雪」の取り扱いには注意しましょう。

「雪」さえ出せば必ず劇的な物語になるわけではない

\HELP/

天災【てんさい】

［英：Disaster ］

【意味】

地震や噴火、台風など自然現象によってもたらされる災難のこと。

【類語】

災害　災難　禍　地震　噴火　津波　台風　嵐　落雷など

関連語と文章表現

- 破裂しそうなほどの山鳴り
- 家が時化に遭ったときの漁船のように揺れる
- ボートを漕ぐような揺れ
- 地中で大木が折れる音
- 噴火の大音響が耳をつんざく
- 轟々たる地底の運動
- ビッグバンを思わせる火山の運動
- ほとばしる真っ赤な溶岩
- 山肌の谷間をぬうマグマ
- 怒涛のように天高く噴き上がる溶岩
- 火山灰が霧のように降る
- 波の壁がそそり立つ
- ピューピューという台風の声
- 傘をさしてもムダな雨
- 電線が吠える唸り声
- テントの幕をバタバタさせる
- 地球の栓を抜いたよう
- まるで洗濯をしているような雨風
- 波に向かって切りこむ風
- 雷鳴が頭上に轟く
- 天空から大地に突き刺さる稲妻
- ビリビリ空気を引き裂く
- 大地が張り裂けるようなすさまじい轟音
- 予想だにしない大雨
- 大寒波の襲来
- 突然の地殻変動
- 天災は忘れた頃にやってくる
- 巨大なハリケーン
- 天災地変
- 前例のない集中豪雨
- 火砕流による家屋倒壊
- 干ばつの深刻化
- 竜巻による強風

登場人物たちの人間ドラマが描けていなければ面白くない

自然現象による災害を描いた、いわゆる**「天災」モノの物語を学習するなら、ハリウッド映画を参考にしましょう。**

隕石衝突、感染症、大地震、大火災、大洪水、地殻変動、大気汚染、大寒波——ありとあらゆる「天災」をテーマにした作品が取り揃っています。それらを観て何を学習するかというと、各種「天災」のネタ情報やビジュアルイメージではありません。どんな「天災」をダイナミックなスケールで描こうと、登場人物たちの人間ドラマが描けていなければ面白くない、という現実を学んでください。

ハリウッド映画の「天災」モノには、CGと特撮に何十億円もの制作費をかけた大作もあります。しかし「天災」による地球壊滅と人類滅亡だけ描写してもまったく面白くないことがおわかりいただけるでしょう。**どんな大災害を題材にしようと、そこに息づく人間ドラマを描き切ることが重要**なのです。人が生み出す痛苦や悲哀や歓喜や感動に勝るテーマはありません。

みんなが観たいのは地球滅亡シーンではなく

そのときに起こる人間ドラマ

水辺 【みずべ】

［英：Waterside ］

【意味】

川や池、海など水面に近い岸辺のこと。

【類語】

水際　ほとり　岸辺　川岸　河畔　湖畔　海岸　浜辺
ウォーターフロントなど

関連語と文章表現

- 小川のせせらぎ
- 谷川の澄んだ水音
- 金色の光と葦の影が交錯する
  夕暮れの川辺
- チャプチャプ揺れる水
- しゅわしゅわとした水が砂に
  しみ込む
- 清水のさやわかな音
- 岩に噛みつく波
- 雨で水嵩を増した川がズシンと
  音を立てる
- 川瀬の音が立ち上る
- 小石を敷くような水の音
- 油を流したようにとろみのある
  水面
- ゴーゴーという濁流
- 濁った水の吠える声
- 空の色を映す湖の水面

- 孔雀色の縞が浮かぶ湖水
- 銀を焼き溶かしたような池の水面
- 波が岸で崩れる海鳴り
- 月光に砕ける荒い波
- なまめかしい潮騒
- 手が染まるような紺碧の海
- とろりと光を流す海
- 海の怒りの表情
- 無数のとげのような白波
- 静かに寄せる波
- 渚を静かに洗うさざ波
- 砕ける波のしぶきで波打ち際に
  白い霧がかかる
- 巨大な水たまり
- 河口付近の汽水域
- 不気味なダム湖
- 水深のある淵
- 浅瀬の急流

シチュエーションに悩んだら登場人物を「水辺」へ行かせる

癒 しと事件が共存するのが「水辺」です。海、川、湖——あらゆる「水辺」へ行けば、現実世界でも何となく非日常を感じて開放的になるように、**物語世界でも「水辺」を舞台にすると読者は〝何か〟を期待します。**

ひとつは町や都会が舞台の物語とは異なる、瑞々しい空気感と特別な雰囲気による、いわば癒しのストーリです。あくまで僕の経験値ですが、書き手もまた「水辺」を舞台にして執筆するときのテンションはいつもと違うように思います。そうした書き手と読者のフィーリングの同調が物語に独特の味を引き出す場合があります。

もうひとつは「水辺」ならではの事件でしょう。溺死、水没、大波、漂流、沈没など、水にまつわるアクシデントが引き金となる、予想だにしないサスペンスアクションストーリーです。

まるで正反対な2つですが、**シチュエーションに悩んだときはとりあえず登場人物を「水辺」へ行かせるのは手としてあり**です。

「水辺」の遊びにもいろいろある

乗り物【のりもの】

[英：Vehicle]

【意味】

人を乗せて移動するもの。乗って遊ぶために作られたものもある。

【類語】

自動車　自転車　バイク　馬車　電車　飛行機　船など

関連語と文章表現

- エンジンをかけるときの麻薬的快感
- 車の音が風に運ばれる
- 鉄の塊のようなぼろ車
- わが子のように大切な車
- クラクションがファンと鳴る
- 走り抜ける爆発音
- 車体に顔が映りそうなほどピカピカの車
- バイクの乾いた轟音
- トコトコ走るオートバイ
- バイクのうなる排気音
- 鳥のように近づく自転車
- 乾いた悲鳴のようなブレーキ音が響く
- 馬車の輪の軋みが走る
- 敷石の上をガラガラ進む
- 歯ぎしりのようなレールの音
- 風を吹き出すように電車の扉が開く
- 真っ黒な獣のような汽車
- 電車の快く揺れるリズム
- たおやかな飛行機の爆音
- 白い尾を引くジェット機
- 滑るように動く船
- 水を切る櫂の旋律
- 引っ掻いたような水脈を作る船
- 空気を裂く汽笛
- 警笛を鳴らす
- 耳障りなエグゾーストノイズ
- タイヤが軋む音
- 線路をがたごと走る
- 滑るように進むヨット
- 爆音を轟かせるヘリコプター
- VIP が乗るチャーター機
- 風の如く通り過ぎる車

実際に乗った経験のない人が 想像だけで書くのは難しい

配 役の**個性を際立たせるアイテムとして、「乗り物」はファッションと並んで有効**です。一番わかりやすい例はバイクです。ハーレーダビッドソンにまたがる男性主人公ならワイルドでタフガイなイメージを与えます。スーパースポーツを乗りこなす女性主人公ならクールで尖ったキャラを演出できます。

映画やドラマで欠かせない「乗り物」はやはり車です。車種によってバイク同様に登場人物の性格や嗜好を際立たせられます。

ただ、「乗り物」の描写には難点が２つあります。ひとつは**実際に乗った経験のない人が想像だけで書くのは難しい**ということ。ともすれば読者のほうが詳しい場合があるため、実体験のない人は避けたほうが無難です。もうひとつは**描写しすぎるとマニアックになる傾向があり読者を置いていってしまう**こと。特に車やバイクは、興味ない人にはまったくちんぷんかんぷんな代物となってしまいます。自己満足に陥りがちなので、さらりと触れる程度にとどめましょう。

書き手による「乗り物」選びはセンスが問われる

147

IT 関連の語彙は必須

　約 15 年前にスマホが普及して以来、ネットワークコンピューティングが身近な存在になりました。さらに日進月歩の進化を遂げるデジタルテクノロジーによって、コンピュータはますます人々の生活に浸透しています。

　物語世界でもコンピュータやデジタルテクノロジーはストーリー展開に欠かせないアイテムやツール、あるいは世界観そのものとして大きな役割を担いつつあります。細田守監督の作品などまさにそうですね。

　ここでは最低限の知識として理解すべき IT 関連の語彙を列挙しました。

AI：Artificial Intelligence の略で、人工知能を指す

メタバース：インターネット上の仮想現実で次世代インフラとして注目

ドローン：遠隔・自動操縦で飛行でき、重量 100g 以上の無人航空機

ハッカー：コンピュータやネットワークの高度な知識・技術を持つ人の総称

マルウェア：デバイスに有害な悪意あるプログラムやソフトウェアの総称

VR：Virtual Reality の略で、仮想現実を指す

暗号資産：インターネット上で取引可能な財産的価値（＝仮想通貨）

ダークウェブ：匿名性が高い構造で構築されたインターネットの一部

IPアドレス：ネットワークにつながるデバイスに割り振られる個別識別番号

クラウド：インターネットなどネットワーク経由で提供されるサービス形態

　上記はごく基本的な用語ばかりですが、書き手としてこの分野の見識を広め、語彙力を蓄えておかないと、今後の創作に支障をきたすこと間違いありません。苦手というひと言では済まない時代ですので、積極的に勉強しましょう。

PART.6

世界観に色を加える 表現方法

ブラウン

ブルー

ホワイト

グレー

ピンク

パープル

イエロー

ブラック

グリーン

グレー

グリーン

イエロー

レッド

オレンジ

本章の POINT

PART.6

　これまで、登場人物の感情や個性を表現する語彙から、豊かな情景描写をするための語彙までを解説してきました。最後に紹介するのは、物語の世界に「色」を与える方法。我々の目は普段、人やモノをフルカラーで見ているため、何かを空想したり小説を読んで光景をイメージしたりするときにも、フルカラーで想像している人が多いでしょう。ということは、物語を書くときに世界の色を登場させることができれば、それだけ豊かな作品になるといえます。

　しかし、文字だけで色彩を表現することはとても難しいもの。単に「赤い服」や「黄色い看板」とモノの色を説明するだけでは、なかなか文章に厚みは生まれません。

　そこで効果的なのは、色の印象を活用すること。たと

色彩

えば赤なら情熱的、興奮したイメージ、黄色なら元気、明るいイメージが思い浮かびます。「燃え上がる闘志」や「はちみつ色の髪」といったように、人が色を想像できるようなモノを比喩に使うことにより、色のイメージを作品のなかに反映させつつ、物語の世界を押し広げることができるのです。

　このように PART.6 では、それぞれの色の特徴や人に与える印象、さらには文章に取り入れるときのコツも併せて解説しています。ぜひ参考にしてください。

ホワイト 【ほわいと】

［英：White ］

【意味】

物体がすべての光の波長を一様に反射することで感知できる色。もっとも明るい色。

【類語】

白色　真っ白　純白　白妙　アイボリー　オフホワイトなど

関連語と文章表現

- 透き通るように白い肌
- 東の空が白み始める
- 雪のように真っ白なお菓子
- 純白の百合の花
- 霧が立ちこめて白ばんだ世界
- 漂白したかのように色の抜けた顔
- 月の光に照らされて白く霞んだ街
- 視界が白濁する
- 白っぽく色褪せたジーンズ
- 淡い光が差しこむ乳白色の朝
- 生気のないうつろな表情
- 見渡す限り一面の雪景色
- 光が透けるような白髪
- 暗闇に浮かぶ生白い顔
- 無垢で混じりけのない色
- 眩いほど白く輝く浜辺
- 白日の光を浴びる
- 色白で赤みの差した顔
- ピントが合わず白くぼやける
- 真新しいノートのページ
- 新品のように糊の効いた白シャツ
- 穢れのない神聖な色
- 白衣を着ると気が引き締まる
- 高貴で颯爽とした白馬
- 澄み切った冬の空気
- 柔らかさのある白木調の家
- 口元から覗く白く揃った歯
- 遠くの町は白く霞んでいる
- 蛍光灯の下でほの白く光る体
- 衣替えしたように白けた木々
- 太陽の光が白々しく照りつける
- 何色にも染まらぬ清い心
- 真っ白に近いオフホワイト
- ホワイトアウトに見舞われる
- 頭が真っ白になる
- 清廉潔白な人

「白」という美しい字面から
逆の世界観が垣間見られる

純 白という言葉があるように、「ホワイト」＝「白」は穢れなき
神聖な色というイメージが一般的に根付いています。

物語創作においては異なります。**どちらかといえば否定的で、よからぬ事態や状況で「白」は使われがちです。** たとえば、『頭が真っ白になる』、『視界が白濁する』、『顔面蒼白』というふうに。

もちろん、雪や肌や歯のように、「白」い状態が好ましい対象への形容詞として使われることは多々あるものの、一方で「白」＝ゼロあるいは何もない、という意味合いも散見されます。

所以はホワイトアウトという単語にも表れています。深い雪や霧や雲で視界が白一色となって外界認識が不可能となる、気象学分野の専門用語です。『白い闇』とも呼ばれます。こうなるともはや不吉な印象です。**「ホワイト」という美しい字面からは、逆の世界観が垣間見られるのも語彙の持つ面白さでしょう。** こういう表現の妙を要所要所に取り入れると、物語に俄然深みが出てきます。

医療分野のホワイトアウトでは
内視鏡の視野が失われた状態を指す

ブラック 【ぶらっく】

［英：Black ］

【意味】

光の波長を反射せず、一様に吸収することで見える色。もっとも暗い色。

【類語】

黒色　真っ黒　漆黒　暗黒　真っ暗　涅色など

関連語と文章表現

- 重々しく垂れる黒髪
- 黒く淀んだ海
- 暗く底の見えない井戸を覗く
- 墨汁をこぼしたように広がる不安
- 何も見えない暗闇のなかを歩く
- 真っ黒に塗りつぶされた胸中
- 目を引くモノクロ写真
- 年季の入ったすすけた看板
- 艶やかで浅黒い肌
- カラスのような濡れ羽色
- 黒ずんだ切り株に腰を下ろす
- 吸い込まれそうなほど
  黒々とした瞳
- 焦げたような黒さ
- ぽっかりと心に空いた穴
- 暗がりに光が差しこむ
- 日焼けして熱を帯びた肌
- 夜の底に沈む

- どす黒い腹のなか
- 影に包まれて何も見えない状態
- 黒い森に足を踏み入れる
- 暗黒に包まれた街
- 黒光りする昆虫の体
- 暗雲が垂れ込める
- 黒装束を身にまとう
- 映画館のような暗さ
- 陰りのある路地裏
- 光の届かない奥地
- 悲しみにくれるお葬式
- キリっと引き締まったスーツ姿
- すべてを飲みこむ宇宙
- 水を含んで黒くなった砂
- 人のような黒っぽい影が浮かぶ
- 胸の奥に潜む暗部
- 漆黒の世界が広がる
- 黒い過去を探る

多種多様な表現があるものの 定型的フレーズが多い

暗　黒、腹黒、漆黒、黒歴史——。ぱっと思いつく「黒」の熟語はどれもダークで、文字通り「ブラック」なものばかり。

前項の「ホワイト」については、逆の世界観が垣間見られると書きましたが、「ブラック」には当てはまりません。**物理的描写、精神的描写のいずれも（一部例外を除き）、ネガティブな世界観を体現する代表格カラー**です。左ページの例文にありますように、

『黒く淀んだ海』

『真っ黒に塗りつぶされた胸中』

『どす黒い腹のなか』

『暗黒に包まれた街』

これらはハードボイルド系・ノアール系小説で常套句的に使われます。「黒」には多種多様な表現があるものの、定型的フレーズが多いため、文章力を上げるにはこれら語彙バリエーションを覚えるしかありません。習うより慣れよの気持ちで取り組みましょう。

「黒」とはいいながらも実際に黒いわけではない

グレー 【ぐれー】

［英：Gray ］

【意味】

白と黒の中間にあたる色で、ものを燃やしたときに出る灰のような色。

【類語】

灰色　ねずみ色　鈍色　鉛色　薄墨色　チャコールグレー　グレージュなど

関連語と文章表現

- 灰色に染まった曇り空
- 墨をぼかしたような曇天
- 鉛のような重々しい空
- 荒んだ街
- どんより沈んだ気分
- 地毛を生かしたロマンスグレー
- 灰色に陰った表情
- 雨が降って濃く色の出た
  コンクリート
- 鉄のように重厚な色
- グレーの制服に身を包む
- ブルーグレーの壁紙
- もくもくと煙が上る
- ほの暗い照明
- 雨が降る前の陰鬱な空気
- 落ちていく煙草の灰
- 部屋の隅にほこりが溜まる
- 使い古した雑巾

- 灰色一色の廃墟
- くすみがかった雨の日の街並み
- ぼうっと暗い曖昧な色味
- セメントのように粉っぽい灰色
- 灰色が鋭く固まった刀
- 太陽が隠れて辺りがねずみ色に
  支配される
- 重たく光る魚の鱗
- 白にグレーが溶けこんだような雲
- じめじめと薄暗い天候
- 灰色に汚れた暖炉
- グレーがかった梅雨の空
- ぼんやりと霞んだ影
- 燃えて白みがかった灰
- アスファルトが増えて灰色に
  変わっていく街
- 判断がつかない曖昧な状態
- 限りなくクロに近い容疑者

「グレー」の世界観は
「ブラック」に続くダーク系の象徴

「グレー」と書けば、ロマンス「グレー」やチャコール「グレー」、ブルー「グレー」といったように、お洒落な色味を想起させます。ところが、「グレー」を日本語表記にすると印象はがらっと一転、「灰色」です。ご覧のように左ページから抜粋した以下例文も、どことなく心が沈みがちな雰囲気に満ちています。

『灰色に陰った表情』

『灰色一色の廃墟』

冒頭の通り**「グレー」だと洒脱なイメージになりつつ、「灰色」に置き換えた時点で、暗い世界観を伝える語彙に早変わり**します。

さらに、「灰色」は日本語でしばしば「ねずみ色」とも表現されます。例文として次のような一文を挙げました。

『太陽が隠れて辺りがねずみ色に支配される』

「グレー」の世界観は、「ブラック」に続くダーク系の象徴です。**展開を暗くしたい際の情景描写や心理描写に使いましょう。**

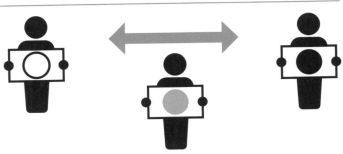

〝白黒つける〟という表現に「グレー」は入らない

白　　　　グレーは白黒つかない状態　　　　黒

レッド 【れっど】

[英 : Red]

【意味】

三原色のひとつで、血液や炎のような色。

【類語】

赤色　紅　真紅　緋色　朱色　えんじ色　真っ赤　スカーレット など

関連語と文章表現

- 怒りのあまり紅潮した顔
- 3本の赤いバラを渡す
- ぱちぱちと上がる火の粉
- 青かった空が朱に染まっていく
- 夕暮れ時の茜色の空
- 修正を書き込んだ赤ペンの跡
- 大人っぽいボルドーのリップ
- 燃えるような赤毛
- 情熱的に燃え続ける燈火
- 流れ出る鮮やかな血
- 乾いた暗赤色の血痕
- 真っ赤な口紅を引いたあの人
- 美しく広がる紅葉
- 恥ずかしそうに頬を赤らめる
- 縁起のよい紅白の装飾
- 赤く染まった並木道
- しもやけで指先が真っ赤
- 赤く熟れた苺を収穫する

- 赤々と焼けた空
- 街が赤みを帯びている時間帯
- 禍々しいほどに赤い激辛鍋
- 赤く泣き腫らした目
- 赤みを含んだ光が差しこむ
- 赤くなった耳を押さえる
- 腕に赤く跡が残る
- 赤く充血した目
- 目を引くビビッドな赤
- 赤い舌をの覗かせて威嚇する獣
- 清らかな紅顔の少年
- 艶やかに光る赤の車体
- お風呂上がりの赤みがかった顔
- 赤で統一されたドレスコード
- 酒で朱がさした顔
- どろりと垂れる赤黒い鼻血
- 海一面が赤潮で染まる
- 心に点滅する危険なサイン

不屈なポジティブ思考を促し気分を高揚させる効果が

見ての如く「レッド」は、血の滾りをイメージさせることから、熱血、情熱、興奮といった心揺さぶる強さと熱さを表します。

数ある色のなかでもインパクトの強さはトップクラス。**メンタル的作用で「レッド」は、不屈なポジティブ思考を促し、気分を高揚させる効果がある**ともいわれています。

「レッド」すなわち「赤」を物語中で文章化するに当たって代表的な組み合わせは〝火〟〝炎〟〝太陽〟〝血〟です。これらを見ただけで、「レッド」の使いどころはすぐにおわかりいただけるでしょう。

そうです。物語が盛り上がりを見せる正念場であったり、バトルシーンであったり、クライマックスであったり、**とにかく激熱でヒートアップする展開には「レッド」を添えてください**。主人公の心情やまわりの情景などに、〝燃え上がる〟〝血走った〟赤味を感じさせる表現を加えると、ことのほか差し迫る臨場感を醸し出せます。

身のまわりにも目立つ「赤」がいろいろある

トウガラシ

消防車

サンタクロース

ブルー 【ぶるー】

［英：Blue ］

【意味】

三原色のひとつで、晴れた空や海の色。

【類語】

青色　藍色　紺色　ネイビー　瑠璃色　空色　群青　インディゴブルーなど

関連語と文章表現

- 青く澄んだ瞳
- 淡く透けたライトブルーの海
- 高貴なロイヤルブルーの装い
- 不安で青ざめた顔
- 青く発光するイルミネーション
- 雲ひとつないすがすがしい青空
- 顔色は真っ青で、様子がおかしい
- 神秘的なまでに青一色の空間
- 群青に染まった海
- 冷たげに揺れる青い炎
- 知的な青がよく似合う
- 色の落ちた藍染めの浴衣
- 水彩画のような水色の空
- 青白く辺りを照らす蛍光灯
- きりっとした藍色の袴
- 刈ったばかりで青みがかった坊主頭
- 重たく波打つ濃紺の海
- 寂しさを感じる青い光
- インディゴブルーのジーンズ
- 夏っぽいブルーハワイのかき氷
- 青く浮き出た血管
- 透き通る青が美しいグラス
- 動揺から顔が青くなったり赤くなったりする
- 幻想的なブルーアワー
- 青いストライプのシャツ
- ペンキで塗ったようにのっぺりとした青い空
- 青く霞んだ山脈
- 青みを感じるコンクリートの壁
- 薄青い霧がかかる
- 青く冴えた月の光
- 転んで青あざを作る
- 紺色のブレザーに袖を通す
- 憂鬱で晴れない気持ち

日本人に愛される色として
安心かつ穏やかな世界観を構築

両 極端な意味を持つ「ブルー」はちょっと複雑です。

日本人は「ブルー」すなわち「青」に関してじつに多彩な表現を用います。左ページの【類語】のように、微妙な色ニュアンスをさまざまな語彙で表します。そして概ね、「ブルー」に対してはポジティブな意味合いが多く見受けられます。

そもそも青系の色は気分を沈着させたり、集中力を高めたりする作用があり、海や空の色に代表されるように大らかで自由な印象を与えます。つまり、**「ブルー」は日本人に愛される色として、安心できる穏やかな世界観を構築**しています。

一方で、「ブルー」が複雑たる所以は、落ち込んだ気分を表すネガティブワードだからです。『ブルーな気分になった』『気持ちがブルーだ』と、多くの方が日常で口にします。爽やかな「ブルー」の海や空を見て落ち込む人はいないはずなのに、**「ブルー」は憂鬱を表す語彙でもあり、どこか油断なりません。**

クールでスマートな意味も持つ「ブルー」は奥深い

イエロー 【いえろー】

[英：Yellow]

【意味】

三原色のひとつで、レモンの皮のような色。

【類語】

黄色　黄金色　金色　山吹色　黄土色　クリーム色など

関連語と文章表現

- 黄色く熟れたレモン
- 元気いっぱいに咲くひまわり
- 黄ぐすみした顔
- 青みよりも黄みの強い肌
- 蛍が淡く黄色い光を放つ
- とろけるようなはちみつ色の髪
- 黄色く色づいたミモザ
- 黄土色に固まった土
- 黄ばんだ運動靴
- 黄色いイチョウの絨毯
- バターを溶かしたような瞳
- 黄色い電飾を飾る
- 流れるようなブロンドの髪
- 色が抜けて黄みが強くなった髪
- 優しいクリーム色のカーテン
- マスタードの靴下
- 点滅する黄色信号
- 火の通った卵の黄身
- ぱらぱらと散らされた錦糸卵
- 太陽のもとで黄金色に輝く稲穂
- ぱたぱたと浮かぶモンキチョウ
- 黄色っぽく変色した葉っぱ
- 一面に広がる菜の花畑
- ふわふわとした淡く黄色いひよこ
- 黄色いセンターライン
- 濃厚なカスタードクリーム
- つやつやと輝くシトリン
- 庭に咲く黄色いチューリップ
- 黄色く染まった楓
- はつらつとした山吹色の着物
- 黄色っぽい日の光
- 黄みがかったページの古本
- 殺人現場を囲うポリスライン
- 注意を促す看板
- 工事現場のヘルメット
- 金運アップを象徴する黄色

直接的で視覚的な鮮烈さを 読者に伝える色

鮮明な「イエロー」は決めのワンシーンで登場させると、読者の心に強い印象を残せます。

とはいえ「イエロー」は人の心情や内面的な何かをたとえて表すには適していません。それよりも直接的で視覚的な鮮烈さを読者に与える色です。左ページの文章表現から代表的な例を挙げました。

『元気いっぱいに咲くひまわり』

『黄色く色づいたミモザ』

『黄色いイチョウの絨毯』

『太陽のもとで黄金色に輝く稲穂』

『一面に広がる菜の花畑』

『庭に咲く黄色いチューリップ』

どれも**季節感を象徴的に切り出し、刹那的な生の儚さや美しさを伝えています**。「イエロー」は、生の輝きや覇気、エネルギーを集めた色であり、決めの場面で使えば情景を美しく彩れます。

「イエロー」こと「黄色」は注意・警告を促す色でもある

ブラウン 【ぶらうん】

［英：Brown ］

【意味】

黒っぽさのある赤黄色。

【類語】

茶色　褐色　焦げ茶色　亜麻色　レンガ色　栗色　ベージュなど

関連語と文章表現

- 落ち着いたブラウンの髪
- 光に透けた茶色い瞳
- 銅でできたアクセサリー
- チョコレートを溶かしたような目
- キャラメル色のコート
- 古びたセピアの写真
- 日に焼けた褐色の肌
- 琥珀色の飴
- 枯れた葉っぱが落ちる
- 透き通った麦茶
- きつね色に揚がったコロッケ
- 色の濃い赤味噌
- アンティーク調の茶色いタンス
- 茶色く濁った川
- 茶封筒に入った書類
- 茶色い毛並みの犬
- ダンボールを積み重ねる
- 焦げ茶が褪せた木の幹

- 縁がべっこうの眼鏡
- しょうゆを薄めたような色の紙
- 柔らかなベージュのワンピース
- ミルクティー色の髪
- 茶色く湿った地面
- こんがり茶色く焼けたパン
- 茶色だらけの晩ごはん
- 赤茶に色づいた紅茶
- 色濃く煮詰めたカレー
- 冷たいコーヒー牛乳
- 茶色い木目の机
- 茶色くなるまで煮たかつおだし
- 落ち着きのある薄茶色の床
- ブラウンの体毛に覆われた
  野生の熊
- 料理に合うブラウンシュガー
- 一面に広がる土色の大地
- 温かみあるファーコート

大地や樹を連想させるため
馴染みのよい視覚効果を発揮

 味を感じさせる不思議な色ナンバーワンは「ブラウン」ではないでしょうか。

日本語なら「茶色」となる「ブラウン」は、一見すると彩度が低い地味な色です。が、暗さはありません。そればかりか、温もりや安定感、信頼感を感じさせてくれます。

その理由は、地球上の自然物をイメージした〝アースカラー〟だからです。**「ブラウン」は大地や樹を連想させるため、馴染みのよい視覚効果を発揮**します。定番のファッションアイテムに「ブラウン」色が多いのは、年齢性別を問わず、誰からも愛されて流行に左右されない、飽きない色だからといわれます。

物語においては、**ナチュラルな自然感をじっくり伝えたい場面で、情景描写として「ブラウン」を使う**といい雰囲気を醸し出せます。

全然関係ない話ですが、〝ブラウンシュガー〟は、ドラッグの隠語でもあるそうです。

「ブラウン」の起源は地球そのものにある

ピンク 【ぴんく】

[英：Pink]

【意味】

撫子や桜の花のような薄い赤色。

【類語】

桃色　薄紅色　ショッキングピンク　ローズピンク　コーラルピンクなど

関連語と文章表現

- ふくよかな桃色の頬
- 美しく色づいた桃の花
- 薄紅色に火照った顔
- ビビッドなピンク色の靴
- コーラルピンクのチーク
- 満開の桜並木
- ピンクにライトアップされた観覧車
- 温かい桃色の手のひら
- 桃色のクレヨン
- シアーなピンク色のネイル
- 蛍光ピンクの付箋
- 曙色の帯を締める
- 桜が咲いて春色に様変わりした公園
- ひらひらと舞う薄桃色の花びら
- 砂に混じった桜貝
- 朱鷺の羽のように淡い色
- 瑞々しいベビーピンクの肌
- 血色のよい桃色の唇
- 鮮やかなマゼンタのインク
- 甘くて優しい色のいちごミルク
- 桃色に茹で上がったエビ
- かわいらしい桜柄のハンカチ
- ストロベリーのアイスクリーム
- とことこ歩く薄ピンク色のブタ
- 春らしいピンクのブラウス
- ほっとするような桃色
- 健康的な桜色の爪
- 桃色のまなざし
- ふんわりピンク色をした春の空気
- ピンクがかった柔らかい日差し
- 春の訪れを告げる梅の花
- 華やかなローズピンク
- 目に痛いショッキングピンク
- 少女に似合う薄桃色のワンピ

気持ちを優しく晴れやかにし
ときめきや恋心を意識させる

 肌の温もりを感じさせる「ピンク」は「桃色」または「薄紅色」ともいわれ、淡く可憐な色の代表格です。

『ふくよかな桃色の頬』

『温かい桃色の手のひら』

『血色のよい桃色の唇』

というように、**身体の一部に「桃色の」彩りを添えるだけで、温かさを伝えながら、その人物の柔らかなイメージを醸し出せます。**

視覚的には、気持ちを優しく晴れやかにし、ときめきや恋心を意識させる効果があるといわれています。アニメや漫画でもそうした意図での色使いの演出が多々見受けられます。「レッド」から派生した色であるものの、「ピンク」には強い主張がないため、**愛されるキャラを描く場合に用いれば効果的**でしょう。

色が備えるマイナス面も特になく、誰からも好まれますが、度を越えて「ピンク」を主張すると鬱陶しい印象を与えがちです。

戦隊モノには必ず「ピンク」キャラがひとりいる法則

パープル【ぱーぷる】

［英：Purple］

【意味】

赤と青の中間の色。

【類語】

紫色　赤紫　青紫　藤色　ラベンダー　菫色　ヴァイオレットなど

関連語と文章表現

- 紫がかった明け方の空
- 空が菫色へうつろう
- 紫で覆われたラベンダー畑
- 不健康な紫の唇
- 優しいライラックのニット
- 薄紫の雲が漂う
- 赤紫に変わった夕方の朝顔
- 紫煙が立ち上る
- 高貴な紫の衣
- 紫の濃いつやつやのぶどう
- 紫の濃淡が美しい紫陽花
- 幻想的な紫のライト
- 紫の濃いブルーベリージャム
- 光が当たると紫っぽくも見える黒髪
- 優雅にしだれた藤の花
- アメジストのように輝く瞳
- 紫色に霞んだ夕暮れ

- 染めたての紫がかった袴
- 照りのある黒紫の茄子
- 秋を感じさせるリンドウ
- 青紫のクマが目立つ顔
- 儚げなラベンダーカラー
- ぼんやりとした紫色の影
- 気高い紫色の花びら
- いつの間にかできた紫斑
- 淡い藤色の雲海が広がる
- 色っぽくてミステリアスな紫
- 毒々しいほどに深い紫
- 紫っぽく反射する画面
- 落ち着いた藤色の刺繍
- 涼しげな藤の浴衣
- 薄っすら紫を帯びた月
- 砂浜に落ちていた紫色の巻貝
- あでやかな赤紫の衣装
- グラスに注がれたレッドワイン

高貴な象徴として崇め尊ばれ
一方でミステリアスな不思議系

　人間は善悪の性を必ず併せ持っています。色で表現するなら「パープル」が当てはまるのではないでしょうか。

　左ページの【意味】にあるように、赤と青の中間の色が「パープル」です。見る人によって「パープル」は気高く妖艶な色に映る一方、毒々しさやどぎつさを感じる人もいて、好みが分かれます。

　実際「パープル」には、神秘的・セクシーという意味と、不安・恐怖という意味の両極があるといわれています。

　ひと言で表現できない微妙な色合いから、ミステリアスな世界観を演出します。敵か味方かわからない登場人物の衣装や髪型や瞳、住んでいる家が「パープル」だと、個性的なキャラを印象づけられるうえ、不思議系な存在として読者をリードできます。

　とはいえ古代日本で「紫」色は、もっとも高貴な象徴です。聖徳太子が制定した冠位十二階では最高位の公式の服の色として定められていたほど「紫」は崇め尊ばれていました。

どちらも「パープル」の世界観なので驚く

オレンジ 【おれんじ】

［英：Orange ］

【意味】

赤みがかった黄色。

【類語】

橙色　蜜柑色　柿色　琥珀色など

関連語と文章表現

- 夕日の昇ったオレンジの空
- おいしそうに熟れた蜜柑
- 橙色に染まった景色
- グラスに注がれた琥珀色のお酒
- 暖かい電球色の光
- すべてを飲みこむ夕焼け
- 暗闇でも目立つオレンジの作業着
- 夕日に照らされた蜜柑色の肌
- 温もりのある柿色の絨毯
- お祭りの屋台を照らすオレンジの明かり
- 柿色に紅葉したもみじ
- オレンジ色の熱気をまとった太陽
- 轟々と燃えるオレンジ色の炎
- 心が落ち着く焚火のオレンジ色
- 透き通った飴色の蜜
- オレンジ色の花を咲かせて匂い立つ金木犀
- 元気いっぱいに咲くマリーゴールド
- オレンジ色を映した海
- 西日が部屋を橙色に照らす
- 暗がりにオレンジ色がまどろむ黄昏時
- まろやかな杏子色の空
- オレンジ色に輝く星
- 濃厚なオレンジジュース
- 琥珀色に染まったサンセット
- オレンジ色の光が宿る提灯
- 橙色まで熟した柿
- 渋いオレンジ色をした履物
- 飴色に焼けた表面
- 透き通るような琥珀
- オレンジ色を薄めたような朝焼け
- 照りつけるオレンジ色の日差し
- 空に陽のオレンジが混ざっていく
- 薄橙色で輝く真冬の月

どこか刹那的な一瞬にも似た 発光が「オレンジ」の特徴

柑橘類の果物である、オレンジが色名の由来です。

そのネーミング通り、「オレンジ」は瑞々しい元気さやかわいさ、明るさといった印象を与えます。

とはいえ「オレンジ」は、恒常的にそのポジティブな輝きを発しているわけではありません。**どこか刹那的な発光が「オレンジ」の特徴**です。左ページの文章表現にも表れています。

『**すべてを飲みこむ夕焼け**』

『**オレンジ色の熱気をまとった太陽**』

『**オレンジ色に輝く星**』

長い時間の流れのなかでワンシーンだけ「オレンジ」と呼ぶにふさわしい瞬間が訪れ、やがて消えゆきます。**日常のなかの非日常ともいえる限られた時間を表現する**ゆえ、〝青春の色〟として物語で使われることが多いのはそのためでしょう。

果物も人も同じく、限定された一瞬だけ瑞々しく輝きます。

一瞬だからこそ美しい刹那的な「オレンジ」

グリーン【ぐりーん】

[英：Green]

【意味】

黄と青の中間の色。

【類語】

緑色　黄緑色　深緑色　翡翠色　エメラルドグリーンなど

関連語と文章表現

- 緑が生い茂った公園
- エメラルドグリーンに輝く海
- 厚みのある深緑の葉っぱ
- 若草色のニット
- 緑の大地が広がる
- 黄緑色の若葉
- 緑に囲まれた景色
- まだ熟れていない緑の果物
- 緑色が鮮やかな夏
- 緑が深く出たお茶
- 爽やかな黄緑の芝生
- 緑色がくすんだ枯れ葉
- 緑の木の葉が風に乗って飛んでいく
- 新緑が美しい初夏
- 緑のカーテンから日がこぼれる
- 緑色が深まっていく季節
- 潤いで満ちた翡翠色の瞳
- 淡くエメラルドが透ける海辺
- 緑色が効いた葉桜
- 緑の葉で覆いつくされた森
- 深く渋みのある緑
- ほんのり甘い抹茶ミルク
- 光に透けて深い緑色が映る黒髪
- 手の甲に浮かぶ緑色の血管
- 爽やかなミントグリーン
- 冬の寒さを耐えしのぐ深緑の針葉樹
- 心安らぐグリーンのソファ
- 緑色に苔むした岩
- 静かに佇む青緑の山
- 風にそよぐ若々しい緑
- 古びた緑色の葉を散らす街路樹
- 緑色に染まった水路
- 春の河川敷を覆う新緑
- 手入れの行き届いたゴルフ場

傍にあるだけで人の気持ちを落ち着かせて安らぎを与える

癒しのシーンを描写する際は、「グリーン」のある風景を取り入れると効果的です。森、公園、植物園、河川敷、庭、空き地、観葉植物のある家や店──日常でも「緑」あるシチュエーションは限りなく存在します。自然の代表色である「グリーン」は、傍にあるだけで人の気持ちを落ち着かせて安らぎを与えてくれます。

また、「グリーン」は平和の象徴を表す色でもあり、「緑」溢れる情景は穏やかかつ伸び伸びとした雰囲気を演出します。

一方、よくあるのはヒロイン的キャラの女性にモスグリーンやミントグリーンの服を着せる手法です。セーターでもカットソーでもエプロンでもかまいませんが、カジュアルなほうが合うようです。そうした「グリーン」系ファッションの女性が出てくると、優しくも大人な雰囲気で場を包み、読者に好印象を植えつけられます。

アクセントとして効果的なので、ぜひ取り入れてみてください。

「グリーン」のまわりでは誰もが平和になれる

専門分野の専門語彙を究める

　本書は主に、物語創作において汎用性の高い日常的な語彙力にフォーカスして、さまざまな角度から解説してきました。

　一方で、特殊な専門分野の語彙力を究めて執筆に臨むという、創作スタイルもあります。多くの書き手が踏み込みにくいニッチなジャンルをあえて選び、独自のスタイルと世界観で攻めるというもの。

　たとえば『孤独のグルメ』や『クッキングパパ』のようなグルメ・料理系、直木賞と本屋大賞をダブル受賞した『蜜蜂と遠雷』のような国際ピアノコンクールを舞台にした音楽系などが挙げられます。

　専門的な内容に特化するストーリーだけに、書き手には相当な知識量と語彙力、筆力が求められますが、競争相手が少ない分、成功する可能性もあるでしょう。そのほかにも、以下のような系列が挙げられます。

アウトドア系：キャンパー系ひとり飯のような流行の野宿＆調理ノウハウもの

趣味系：手芸や釣り、茶道といった、あまり一般的ではないニッチ分野

芸術系：クラシックバレエや管弦楽などハードルの高いアカデミック分野

お仕事系：総務部や生産管理部など企業の地味な一部署に特化

スポーツ系：弓道、砲丸投げ、棒高跳びといった経験者の少ないジャンル

医療系：外科医モノは難易度Ａ級でも伝統的に高い人気を誇るヒット分野

旅行系：日本全国津々浦々、アジア放浪記などさすらいツアー随筆

　着眼点を変えれば、さまざまな切り口が見えてきます。

　ただ、その分野に詳しければいい、だけではヒット作は生まれません。そこで展開される人間ドラマがきちんと描ける書き手の力量が必須です。

クリエイター
語彙力検定

特徴的な声　み　グれ　顔　ブルー

楽しみ　しみ　みパープルしみ揺れ

驚き　きち立　苦　悲しみ

いら　雪暑い　ジング

自己嫌悪　ポージング　悲しみ

口調

クリエイター語彙力検定　感情編①

PART.1で紹介した体と心の反応表現を2つ以上使って文章をつくってみましょう（自分の作品のキャラクターやイメージしやすいもので書きましょう）。

NO.01
愛
（P.18 参照）

NO.02
喜び
（P.20 参照）

NO.03
憐れみ
（P.28 参照）

NO.04
苦しみ
（P.30 参照）

NO.05
憎しみ
（P.32 参照）

※著者の例文は P.188 にあります。　※コピーしてお使いください。

クリエイター語彙力検定　感情編②

PART.1で紹介した体と心の反応表現を2つ以上使って文章をつくってみましょう(自分の作品のキャラクターやイメージしやすいもので書きましょう)。

NO.06
いら立ち
(P.34 参照)

NO.07
怯え
(P.38 参照)

NO.08
確信
（P.46 参照）

NO.09
葛藤
（P.52 参照）

NO.10
感動
（P.56 参照）

※著者の例文は P.188 にあります。　※コピーしてお使いください。

クリエイター語彙力検定 身体編

個性豊かなキャラクターの創造には、身体的な特徴の描写が必要不可欠。
サンプルイラストを見ながら実践しましょう。

女性の髪型の特徴 （P.74 参照）	男性の髪型の特徴 （P.74 参照）
女性の顔の特徴 （P.76、P.78 参照）	男性の顔の特徴 （P.76、P.78 参照）

体の特徴
（P.80 参照）

男性…

女性…

ポージングの特徴
（P.84 参照）

男性…

女性…

サンプル

手足の特徴
（P.82 参照）

男性…

女性…

動物の特徴
（P.86 参照）

猫…

※著者の例文は P.188-189 にあります。　※コピーしてお使いください。

クリエイター語彙力検定　声の表現編

読み手の物語への没入感を高めるには、特徴的な声の描写も重要です。自分の作品のキャラクターなどの声・声量・口調を書き分けましょう。

男性の声
（P.92 参照）

男性の声量
（P.96 参照）

男性の口調
（P.102 参照）

女性の口調
（P.102 参照）

猫の声
（P.104 参照）

犬の声
（P.104 参照）

女性の声量
（P.96 参照）

女性の声
（P.94 参照）

※著者の例文は P.188-189 にあります。　※コピーしてお使いください。

クリエイター語彙力検定　感触編

感触のような細かい描写にこだわるのが、クリエイターに必要なスキル。
人や動物、モノなどをイメージしてチャレンジしてみましょう。

硬い
（P.110 参照）

柔らかい
（P.112 参照）

粘り
（P.114 参照）

粗い
（P.116 参照）

滑らか
（P.118 参照）

揺れ
（P.120 参照）

膨らみ
（P.122 参照）

※著者の例文は P.188-189 にあります。　※コピーしてお使いください。

クリエイター語彙力検定 情景編

物語のリアリティを高めるには、目に浮かぶような情景を書くこと。サンプルを例に、実際に書いてみましょう。

（P.125-147 参照）

ファンタジー風1枚絵の世界を文章で表現してみよう！

サンプル

※著者の例文は P.189 にあります。　※コピーしてお使いください。

クリエイター語彙力検定 **色彩編**

読み手にイメージを正しく伝えるには、確かな色彩の表現がとても大切。
自分なりの表現方法を身につけましょう。

ホワイト

（P.152 参照）

ブラック

（P.154 参照）

グレー

（P.156 参照）

ブルー

（P.160 参照）

イエロー

（P.162 参照）

ピンク

（P.166 参照）

※著者の例文は P.189 にあります。　※コピーしてお使いください。

クリエイター語彙力検定 解答編

ここでは秀島先生の模範解答を紹介します。自分のものと比べてもよし、語彙の使い方を学んでもよし、自由に活用しましょう。

P.176	愛	気がつけば、つい彼女のことを目で追う自分がいる。独占したい気持ちでいっぱいになり、胸が苦しい。それでいて声すらかけられない、苦悶の日々が続いた。
	喜び	昨日までの鬱々とした気分とは一転、うれしくて体がつい動いてしまう。こんなに気持ちが華やぐのはいつ以来だろうか。この感覚を、あの人と共有したかった。
P.177	憐れみ	涙を流す彼に対して、どう声をかけていいのかわからなかった。意外なほど心が辛くて、肩をぽんぽんと叩くのが精一杯だった。
	苦しみ	ここまで切羽詰まるとは——完全に心が打ちのめされていた。間断なく絶望感が襲ってくる。うんざりしながら、つい死ぬことを考えてしまう自分がいた。
	憎しみ	あの時の奴の言い草を思い出しただけで胸くそが悪くなる。本当にいまいましい奴だ。殺してやりたい。そんな俺の憤激を感じ取ってか、車内の誰もが殺気立っていた。
P.178	いら立ち	約束の期日まであと2日しかない。どうしようもなく焦りを感じる。まるで気持ちに余裕がなくなってしまい、もう何も前向きに考えられなくなった。
	怯え	本当にあの男を殺してしまうとは。思い出しただけで血の気が引き、膝ががくがく震える。となれば、次は私の番なのだろう。もはや気が気ではなくなる。
P.179	葛藤	どうしよう——頭をかきむしる。きっと険しい表情になっているに違いない。さっきから隣の席のカップルがチラ見する。そのたびに私は舌打ちを繰り返した。
	確信	話しながら、あの人の声色が太くなる。自信に満ちたすがすがしい表情になっていく。きっとすべてが上手くいく。そう信じるうち、私まで胸が高まってきた。
	感動	「やった！ ついに勝ったんだ」ゆっくりと目をつぶり、喜びを噛みしめる。鳥肌が立ち、全身がわなないているのが自分でもわかる。と、気づけば涙を零していた。
P.180	女性の髪型の特徴	ゆるふわで長い髪を、耳の上で巻いたツインテールにしている。後れ毛が絹糸のように柔らかく揺れ、跳ねる毛先には、少女みたいなあどけなさが残っていた。
	男性の髪型の特徴	無造作に伸びたアッシュブラウンのミディアムヘアがワイルドに映る。それでいて繊細そうな髪質のせいか、粗野な感じはなく、むしろ不思議な色気が漂った。
	女性の顔の特徴	小顔なのに、二重の大きな瞳が何より印象的だった。ややブラウンを帯びた目には天真爛漫な光が宿っている。鼻梁と口元は主張すぎず、バランスの整った顔立ちだ。
	男性の顔の特徴	どこか達観したまなざしだけど、目尻が下がっているため、優しげな面持ちだと感じた。きりりと結んだ唇が意志の強さをうかがわせ、独特な押しの強さがある。
P.181	体の特徴	男性の場合：筋肉隆々とした鍛え上げられた肉体は、誰もが見惚れるほどの美丈夫だ。 女性の場合：小柄な体形ながら、伸びやかな肢体からは溢れんばかりの元気が漲っている。
	ポージングの特徴	男性の場合：力強い様相で地面に両足をつけて屹立し、全身から覇気を放っていた。 女性の場合：いざなうようにぐんと右手を伸ばしながら、振り向きざまに微笑みを向ける。
	手足の特徴	男性の場合：上腕から肩にかけて筋張った肉が盛り上がり、筋繊維が無数の線を描いていた。 女性の場合：十代特有のバネを感じさせる、なめらかなモーションで手足が動き続ける。

P.181	動物の特徴	音なくすり寄ってきたかと思うと、足元にちょこりんと座った。可愛らしく気な顔つきの人慣れした猫だった。おそらく飼い主に愛でられて育ったに違いない。
	男性の声	いつもはボーイソプラノの甘く優しい声色なのに、今日は違った。まるで別人のように、低くくぐもった声色になって恫喝してくる。
P.182	男性の声量	ナイフを突きつけた瞬間、声にならない声が漏れた。続けて男に詰問してみたが、ぼそぼそと口ごもるばかりで、肝心の答えについては話そうとしない。
	男性の口調	つい先ほどまではしんみりした口調で語っていたのに、突然、反論めいた口ぶりで抗弁してくる。淡々とした供述はもはや望めそうもなかった。
	女性の口調	ひどく耳障りだと感じた。それくらい粘着質なしゃべり方で、彼の悪口についてあれこれ絡みつくように話してくる。
	猫の声	玄関に入ったとたん、つくりもののようなニャーニャーという声ですり寄ってくる。思わずしゃがんで撫でててやると、猫はゴロゴロと喉を鳴らした。
	犬の声	森の奥から神経質そうな甲高い犬の鳴き声がこだまする。威嚇のため、夜空に一発散弾銃を撃ち放ったところ、今度は犬の狂ったような鳴き声が反響した。
P.183	女性の声量	しばらくするとその女は静かな声で自らの過去を語り始めた。だが、元夫の話題に触れたとたん、怒気をはらんだ大声になって周囲を驚かせた。
	女性の声	俺を励ます彼女の言葉は、母のようにやさしい声の響きを伴って心を落ち着かせた。そればかりか、どこか悲しいほどの美しい響きすら感じさせたのだ。
	硬い	想像を絶する極寒の世界だ。湖がカチカチに凍りつき、凍てついた路面はアイゼンの鋭利な歯を撥ね返す。しかも雪山の岩肌の表面までみっしりと氷に覆われている。
P.184	柔らかい	一匹の子猫がふわふわの洗い立てのタオルの上で眠っている。とろけていまいそうなほど柔らかな光が降り注いでいる。こんな情景を遠い昔に見たことあった。
	粘り	とにかく不快だった。汗でべたつく肌に、じっとりと湿った空気が纏わりつく。ぬかるんだ地面から足を抜こうとすると、水あめが糸を引くようにしつこく粘着する。
	粗い	彼女の第一印象はというと、とにかく粗雑な感じしかない。乾燥でばさつく髪の毛、がさがさに荒れた指先──水分を失った果実のような女だな、と思った。
	滑らか	ぷるぷると輝く唇は少女のようだった。しかも、赤ちゃんのようにすべすべの肌。思わず僕は腕を伸ばして、彼女のさらさらの髪を撫でてしまう。
P.185	揺れ	ガタンゴトンと揺れる列車に身を任せるうち、いつしか揺りかごのように心地よい感覚に包まれていた。そのうちに俺は、ゆらゆらとうたた寝していた。
	膨らみ	母はわが子を腕に抱いた。ぷくぷくとした手、かすかに赤らんだもちもちのほっぺを触り、微笑んだ。するとわが子もまた、はちきれんばかりの笑顔になった。
P.186	情景	鏡面のように艶やかな水域に入り組む陸地は、濃い緑が生い茂り、村の建造物が点在していた。視界のはるか先には港が見え、この水域が航路として活用されていることがわかる。広々とした丘陵にそびえる古城は想像以上に大きかった。ただ巨大なだけではなく、複雑な建築様式に則って建造されたようで、大小様々な無数の塔が天に向かって伸びている。
	ホワイト	月の光に照らされて白くかすんだ街に、ほろほろと綿のような雪が降り注ぐ。その光景は、どこかピントが合わず白くぼやけた古いモノクロ写真を思わせた。
	ブラック	黒く淀んだ海を見つめていると、あの男のどす黒い腹のなかに居座る悪意を思い出す。それはゆっくりと俺の心を侵食し、胸の奥に潜む暗部を浮き彫りにする。
	グレー	楽しかった時間は過ぎ去り、周囲はすれ違う人の顔が見えないほど暗くなっていた。「またね」と言葉を交わした直後、僕の気持ちは深い海の底にいるように沈んでいった。
P.187	ブルー	水彩画のような水色の空を眺めるたび、私は彼のことを考えた。いつもインディゴブルーのジーンズを穿き、どこか寂しさを感じさせる青い光を瞳の奥に宿していた。
	イエロー	いきなり車窓の向こう側に現れたのは、一面に広がる菜の花畑だった。その脇道に立って懸命に手を振るのは、はつらつとした山吹色の着物を纏う彼女だった。
	ピンク	海岸線を歩き、細かな砂に混じった桜貝を拾いながら、あの子のふくよかな桃色の頬を思い出す。今年は春らしいピンクのブラウスを買ってあげようと思った。

おわりに

　本書を最後までお読みくださってありがとうございます。

　さまざまな語彙にまつわる活用法や秘策やタブーについて、6つの視点から解説しました。

　語彙の一つひとつは短い単語であっても、それらがつながると文章になり、さらに広がりを持たせることで物語となります。

　つまり、語彙こそが物語を構成する最小単位なのです。

　日本語の面白さと不可思議さは、その最小単位の一語を変えるだけで、文脈や構成やストーリーやテーマまで、まったく変わってしまう点にあります。

　しかも一言一句をおろそかにしてしまえば、結果として文章力の欠落となって作品自体のクオリティが損なわれ、読む人々に歓喜や感動を与えられなくなってしまいます。

　そういう意味では、物語創作において重要な意味を果たしながらも、つい見過ごしてしまいがちな何気ない語彙にフォーカスして深掘りしてみました。

そこには、物質的表現と精神的表現、語彙がもたらす体と心の反応、表向きの意味と奥向きの意味、類語や関連語の幅広さ、短い語彙に含まれる多種多様なニュアンス、世界観との関わり、キャラ造成のコツ、さらにはひとつの語彙に込められた裏話やノウハウまで、じつに幅広い多角的情報が溢れていました。

　私自身執筆しながら、その奥深さにうなずいたり感銘を受けたり噴き出したりしつつ、語彙の持つ力にあらためて向き合えたと感じています。

　さて本書の活用方法ですが、辞書的に使うもよし、あるいは筆が行き詰まったときにめくる息抜きとして使うもまたよしです。

　どのような形であれ、書き手の皆様の何らかのお手伝いができるバディ的一冊となれば、これに勝る歓びはありません。

　そして日本語の深遠に少しでも触れていただくことができたなら、必ずやあなたの書き綴る新しい物語が、さらに素敵な一作になるでしょう。

秀島 迅

著者 **秀島 迅**（ひでしま じん）

青山学院大学経済学部卒。2015年、応募総数日本一の電撃小説大賞（KADOKAWA）から選出され、『さよなら、君のいない海』で単行本デビュー。小説家として文芸誌に執筆活動をしながら、芸能人や著名人のインタビュー、著述書、自伝などの執筆も行っている。近著に長編青春小説『その一秒先を信じて シロの篇/アカの篇』二作同時発売（講談社）、『クリエイターのための物語創作ノート』（日本文芸社）などがある。また、コピーライターや映像作家としての顔も持ち、企業CM制作のシナリオライティングなど、現在も月10本以上手掛けている。

BOOK STAFF

編集	細谷健次朗（株式会社G.B.）
編集協力	北川紗織（株式会社G.B.）、三ツ森陽和、吉川はるか
カバーイラスト	456
本文イラスト	真崎なこ
参考画像	Adobe Stock
	七三ゆきのアトリエ　https://nanamiyuki.com/
図版	別府 拓、松嶋かこ（Q.design）
装丁・本文デザイン	別府 拓、奥平菜月（Q.design）
校正	聚珍社

プロの小説家が教える
クリエイターのための語彙力図鑑

2023年7月1日　第1刷発行
2024年8月20日　第8刷発行

著　者	秀島 迅
発行者	竹村 響
印刷所	株式会社文化カラー印刷
製本所	大口製本印刷株式会社
発行所	株式会社 日本文芸社

〒100-0003　東京都千代田区一ツ橋 1-1-1 パレスサイドビル 8F

Printed in Japan 112230614-112240805 Ⓝ 08 (201104)
ISBN978-4-537-22116-9
©Jin Hideshima 2023
編集担当　上原